영원의 사랑이 시작되다

창조 이야기 | 기원

영원의 사랑이 시작되다

창조 이야기 l 기원

김화영 지음

na·da

The Eternal love begins

The narrative of creation

차례

프롤로그

진리는 하나님이 만물의 근원이자 양육자라는 것이다.

— 샐리 멕페이그

들으라, 우리 삶이 말하는 창조의 섭리攝理를!

창조 이야기를 시작하면서, 가장 중요한 것은 창조주 하나님께서 우리의 삶에 새로운 역사를 시작하신다는 믿음입니다. 그것이 바로 나의 이야기라는 것, 하나님께서 나의 삶을 구체적으로 계획하고 운행하신다는 것을 믿는 믿음 말이지요.

창조 이야기는 먼 옛날 있었던 이야기를 되짚기 위해서만 있는 게 아닙니다. 창조는 지금도 일어나고 있는 내 삶의 이야기입니다. 우리는 믿습니다. 인생이 매 순간 창조의 행위임을, 내 삶에 무언가 새로운 일이 시작되고 있음을…. 우리는 창조 이야기를 묵상하며 마음 깊은 곳에서 이 섭리를 물어야 합니다.

성경을 영성적으로 읽는다는 것은 온 마음과 존재를 드높여서 하나님과 만나는 것을 의미합니다. 자기의 전 존재를 걸고, 자신의 삶을 걸고 성경을 읽어야 합니다. 그러면 성경은 무궁무진한 삶의 지혜를 보여줄 것입니다. 자기의 구체적인 삶에서 하늘로 올라가는 사다리를 보게 될 것입니다. 그 사다리를 보며 우리는 비로소 우리가 살아가는 이 땅이 온통 하늘로 가득 차 있음을 알게 될 것입니다. 이 체험의 불꽃은 다른 이에게까지 번져나갈 것입니다.

엘리자베스 배럿 브라우닝의 시 중 한 구절입니다.

> 땅은 하늘로 가득 차 있다.
> 모든 평범한 나무들이 하나님과 함께 불타오른다.
> 그러나 오직 볼 줄 아는 자만이 신발을 벗으며,
> 다른 이들은 나무 주변에 몰려 앉아 검은 딸기나 줍는다.

창조 이야기가 우리의 것이 되려면 결단과 신뢰가 필요합니다. 이 소음 많은 세상 한가운데서 믿음을 지켜나가겠다는 지난한 해석학적 경청의 결단이 있어야 합니다. 믿음은 그분의 창조에 대해 나의 존재를 걸어야 하는 지고한 선택이기에…. 눈에 보이는 세계를 넘어 눈에 보이지 않는 그분의 섭리를 내 삶에 깨달아 채워가는 것이기에….

창세기 묵상은 기원과 역사 두 편으로 나뉘어집니다. 이 책에서는 창세기 1-3장 사이의 기원의 원리와 노아 이야기까지 다루게 됩니다. 하루의 묵상 뒤에는 새 창조를 위한 금언으로 기독교 전통에서 작지만 깊은 소리를 내어온 여성 영성가, 운동가, 신학자의 이야기를 담았으며 묵상과 금언을 되새길 수 있게끔 기도로 마무리했습니다.

매일 아침 일어나 경청의 순례를 시작하십시오. 들으십시오, 내 삶이 속삭이며 들려주는 그분의 창조 이야기를! 오늘 하루에 숨겨진 그분의 아름다운 초대를!

묵상을 위해 다음의 수련이 필요합니다.

1 - 신발을 벗으십시오 / 성경에는 무궁무진한 삶의 지혜가 들어있고 그 안에 자기 삶의 이야기를 시작할 보물이 들어있습니다. 이 보석과 만나기 위해서는 자기의 전 존재를 들여와야 합니다. 자기 생각이나 욕구가 작동해서는 안 됩니다. 스스로 말씀의 내용이나 현상을 헤아리려고 하지 말고 먼저 당신의 신발을 벗으십시오. 하나님께서는 하나님을 인정하고 그분이 지혜의 원천임을 인정하는 이에게 당신의 지혜를 주십니다. 하나님께서는 우리 손에 잡히는 분이 아니시니 사랑과 믿음을 가진 이들에게만 자신

을 보이십니다(출 3: 1-5).

2 - 성령을 구하십시오 / 우리가 간구하면 하나님께서는 가장 좋은 것인 성령을 주십니다. 로마서 8장 26절의 말씀처럼 우리가 무어라 기도해야 할 바를 알지 못하나 성령은 말로 다 할 수 없는 탄식으로 몸소 간구해 주십니다.

3 - 말씀을 되새기십시오 / 말씀을 묵상하고 온종일 되새기는 사람은 복이 있습니다(시편 1편). 마음으로 되새기고 말씀 공동체와 함께 풍성하게 나누십시오.

이 책이 지금 여기, 우리가 살아가는 구체적인 삶에서 하나님을 만나는 열린 문이 되기를 축복합니다.

- 김화영

1 장

영원의 사랑이 시작되다

큰 처음, 한 처음

§ **성경말씀**

태초에 하나님이 천지를 창조하시니라 (창세기 1장 1절)

창세기 1장 1절에 나오는 '태초' 는 아주 오래전 어느 날을 의미하지 않습니다. '태초' 는 창조가 일어났던 어떤 기원을 말합니다. 태초太初! 공동번역 성경은 '태초에' 를 '한 처음에' 라고 번역했습니다. 한 처음과 큰 처음. 시간의 처음, 공간의 처음이 있었다는 것입니다. 그렇다면 태초 이전에는 무엇이 있었을까요? 처음 이전, 시간이라는 한 시점 이전이 있었습니다. 이전을 시간의 전후 관계처럼 생각하지 마십시오. 시간 이전에는 어떤 차원이, 영원의 차원이 있었습니다. 태초 이전에 하나님께서 이미 계셨습니다.

영원의 세계에 영원의 존재가 있었습니다. 한 처음에 영원을 찢고 시간과 공간이 열리기 시작했습니다. 나중에 성경은 그 이유를 "하나님께서 세상을 이처럼 사랑하사" 라고 진술합니다. 하나님께서 세상을 이처럼 사랑하사 영원의 세계로부터 시간의 처음과 공간의 처음을 만드셨다는 것입니다. 그 일은 창조가 일어날 수 있는 어떤 원형으로부터 무언가 새로운 세계가 열린다는 것을 암시했습니다. 그러니 창세기 1장 1절 이전, 창세기 1장 0절은 "태초 이전, 태초 너머에 영원이 있었다" 라고도 말할 수 있습니다. 즉, 태초는 원형적이고 궁극적이며 근원적인 시간, 우리의 감각과 지식을 넘어서 모든 것이 새롭게 일어나는 초超시간을 의미합니다. 영원과 시간이 맞대어지는 순간입니다.

창조는 영원이 불씨가 되어 시간과 공간을 만들어내는 질서와 사랑의 이야기입니다. 영원이 현재와 만나는 이야기입니다. 인류 역사에서는 이 태초가 처음에 일어난 유일회적 사건이지만, 하나님 안에서는 현재에도 지속해서 일어나고 있습니다. 영원의 진리가 몸과 땅에 담깁니다. 하나님으로부터 시작되는 수많은 창조의 시간과 공간은 바로 이 태초와 연관되어 있습니다. 대표적으로 예수 그리스도의 나심과 생애가 그러합니다. 인간은 이 영원의 기원을 알아야만 '지금 여기'를 이해할 수 있습니다. 창세기 저자들은 바로 이 영원과 만났습니다. 바벨론 포로기에 그들은 한계 있는 고통의 시간과 공간을 살아가면서 한계를 넘어선 시간, 시작도 있기 전의 시간, 끝 이후의 시간을 생각하며 처음 이전과 너머의 존재를 떠올렸습니다. 이대로 고통스럽게, 하찮게 계속 살아가는 것이 싫었습니다. 새롭게 삶을 변화시키는 것이 필요했습니다. 천지가 개벽해야만 했습니다. 진실로 근원의 진리를 찾는 이에게 창조의 비밀이 열립니다.

믿음은 바로 이 영원에 대한 사유이자 한계 있는 우리의 땅을 하늘과 연결하는 행위입니다. 우리가 처한 모든 시간과 공간이 이 영원에 뿌리 내리고 있다는 진리를 깨닫고 삶에서 창조를 실현하면서 사는 행위입니다. 하나님께서는 이 영원을 삶에서 깨닫는 이들과 함께 일하십니다. 보이는 것이 다가 아니라는 것을 이해한 사람들, 태어나고 죽고 슬프고 기쁘고 사랑하고 이별하고 고통받는 모든 삶 속에서 영원을 살다 간 예수 그리스도의 길을 실현하기를 원하는 이들과 함께 일하십니다.

영원이 시간과 관계를 맺었습니다. 영원의 시간은 차원을 달리하면서 계속해서 창조를 생성합니다. 그 이름은 사랑입니다.

§ 새 창조를 위한 금언

이 세상 것들이 우리를 궁극적으로 만족시키지 못하고, 깊은 갈망들을 억제할 수도 없다면 결국 우리는 다른 세상에 살도록 지어진 사람들임을 인정할 수밖에 없습니다. 다른 세상은 이미 우리 속에 들어와 우리를 영원히 바꾸어 놓았습니다.

– 마르바 던

§ 기도

주님,
우리의 삶 속에 영원으로부터 온 창조의 섭리가 숨어있음을 믿습니다.
우리의 삶이 당신의 영원과 이어져 있다는 것을 알게 하시고
새로운 삶을 열어주시는 당신의 사랑을 신뢰하게 하소서.

영원을 시간 안에서

§ **성경말씀**

태초에 **하나님이** 천지를 창조하시니라 (창세기 1장 1절)

현대물리학은 이론적으로 수평적인 시간을 넘어선 수직적 시간, 영원에 대한 이해를 가능케 했습니다. 아인슈타인이 그 시간의 차원을 일부 밝혀놓았지요. 그의 상대성이론을 따라 창세기의 시간과 공간의 차원에 대해서 설명해 보면 이렇습니다. 어떤 동갑내기 신혼부부가 있습니다. 20살에 만나 행복하게 살다가 어느 날 남편이 빛의 속도, 즉 1초에 30만 킬로미터 가깝게 속도를 내는 우주선을 타고 여행을 떠났습니다. 그런데 여행을 가던 중 우주선에 뭔가 이상이 생겼습니다. 남편이 자신의 우주선 기준으로 몇 년 만에 지구로 돌아왔더니 아내는 할머니가 되어 있었습니다. 하나의 신기한 이야기로 여겨질 수도 있겠지만, 이 이야기가 가리키는 바는 우리의 앎을 송두리째 바꿔놓았습니다. 즉 뉴턴으로 대변되는 고전 물리학은 시간과 공간이 절대적으로 불변하다고 생각했지만, 사실 가변적인 성격을 가지고 있고, 차원에 따라 엄청난 간극이 있다는 것입니다. 이 눈으로 창세기를 보면 창세기가 단일한 차원에서 말하고 있지 않음을 알 수 있습니다.

·시간 1의 차원
한 처음(태초) 이전의 영원의 상태입니다.

· 시간 2의 차원

창세기 1장 1절의 한 처음의 시간입니다. 영원이 첫 번째 시간과 공간 안으로 들어온 어느 한 시점으로서 태초의 하늘과 땅의 차원을 보여줍니다. 여기서는 아직 첫째 날부터 여섯째 날에 반복적으로 보이는 시간의 구조가 보이지 않습니다.

· 시간 3의 차원

창세기 1장 3절부터 31절까지 나오는 시간입니다. 말씀으로 창조한 빛의 시간이 공간을 창조하고 다시 생물을 창조하는 패턴이 이어집니다. 첫째 날부터 여섯째 날까지 '말씀하신 그대로 이루어짐'과 '보시니 참 좋음'이라는 구조가 반복됩니다.

· 시간 4의 차원

넷째 날에 비로소 우리가 하루라고 생각하는 태양력에 의한 시간이 등장합니다. 하나님께서 두 큰 광명체를 만드사 큰 광명체로 낮을 주관하게 하시고 작은 광명체로 밤을 주관하게 하시며 또 별들을 만드셨습니다(창 1:16). 하나님께서 그것들을 하늘의 궁창에 두어 땅을 비추게 하시며(창 1:17), 낮과 밤을 주관하게 하시고 빛과 어둠을 나뉘게 하시니 하나님께서 보시기에 좋았습니다(창 1:18).

·시간 5의 차원

거룩한 날, 거룩하게 구별하신 시간입니다. 하나님께서 그가 하시던 일을 일곱째 날에 마치시니 그가 하시던 모든 일을 그치고 일곱째 날에 안식하셨습니다(창 2:2). 하나님께서 그 일곱째 날을 복되게 하사 거룩하게 하셨으니 이는 하나님께서 그 창조하시며 만드시던 모든 일을 마치시고 그 날에 안식하셨기 때문입니다(창 2:3).

이렇듯 하나님의 시간은 초역사와 시간의 역사를 포괄합니다. 우리는 시간 4의 차원에만 살고 있지 않습니다. 저 영원의 시간이 지닌 층과 켜가 소용돌이치면서 창조를 일으키는 영의 시간, 시간 5의 안식일을 중심으로 1-4의 차원을 동시에 살아가고 있습니다. 성령은 이 시간과 공간의 간극을 관통하여 하나님의 보좌로 우리를 인도합니다. 복음은 역사적 예수와 교리적 예수를 넘어 이 영원의 시간을 사시는 분이요, 태초부터 말씀으로 함께하셨던 분이요, 지금도 시간과 공간 안으로 영원의 신비 안에서 창조의 역사를 만드시는 분에 대해 말하고 있습니다. 그리스도인들은 바로 이 위대한 창조의 시간을 살아가는 사람들입니다.

우주가 폭발하면서 만들어내는, 우리가 살아가고 있는 이 시간과 공간에 퍼지는 거대한 서사시를 상상해 보세요. 하나님의 한 날에 몇 백 광년의 층이 숨어있는 이 진리의 두께를 느껴보세요. 온 세계의 들숨과 날숨을 휘감는 하나님의 숨결과 인간을 창조해내는 영원의 시간을 상상해 보세요. 이 덕분에 다윗은 성령이 충만해서 천 년 뒤의 후손인 예수님을 주라고 부를 수 있었고, 예수님은 자신을 아브라함 이전부터 있던 자라고 말씀하실 수 있었습니다. 영원에 계신 하나님의 보좌로부터 예수 그리스도의 십자가를 통해 온 피조세계가 휘어진 시간과 공간 안에서 교통하고 만나는 성령의 역사! 그날에는 내가 너희 안에 너희가 내 안에 있는 것을 보리라! 영원을 시간 안에서 사는 자여, 그대는 행복하여라!

§새 창조를 위한 금언

당신의 하루는 하나님께서 당신을 받아주도록 놓아둘 때 시작됩니다. 당신이 하나님 안에 살고 있다면, 하나님께서 당신을 찾아 주실 만큼 자신을 충분히 잃어버렸을 때 당신의 하루는 시작됩니다. 하나님께서 당신을 찾아 주셨다면, 찬양하며 다시 자신을 놓을 때 당신의 하루는 시작됩니다.

– 바바라 브라운 테일러

§기도

주님,

우리의 시간과 공간의 한계 안에 엄청난 영원의 시간이 숨어있다는 것을 바라봅니다. 우리의 왜소해진 시간을 믿음으로 성찰하게 하소서.

사랑이 나다nada를 낳다

---

§ **성경말씀**

태초에 **하나님이 천지를 창조하시니라** (창세기 1장 1절)

"태초에 하나님이 천지를 창조하시니라." 이 문장은 "태초에, 아니 태초 이전부터 하나님께서 계셨다 / 그리고 천지를 창조하셨다"라는 두 개의 문장으로 구분할 수 있습니다. 창조 이전에 하나님께서 당신 스스로에 만족하시며 계셨습니다. "나는 스스로 있는 자다"라고 하신 하나님의 기본적 속성은 자족함과 충만함입니다. 태초에 이 영원이신 하나님 말고는 아무것도 없었습니다. 하나님으로 온전히 차 있었습니다. 그분께서는 모든 것을 넘어서 모든 것 안에 계신 하나님이십니다. 하나님은 처음 이전부터 계셨습니다. 창조 이전부터 계셨습니다. 이 영원이신 하나님의 충만한 자족함을 나누고 싶어 하는 사랑으로부터 태초의 하늘과 땅이 나왔습니다. 충만한 존재가 사랑을 위해 자신을 쪼갬으로써 창조가 일어났습니다. 하나님의 찢긴 살로부터 창조를 가능케 하는 텅 빈 데가 생겨났습니다.

하나님으로 꽉 차 있는 영원, 즉 'Todo'가 자신을 나눔으로써 무無, 즉 'Nada'가 생겨났습니다. 하나님께서는 자기에게서 떨어져 나온 무를 붙잡고 새 창조를 위해 인내로 운행하십니다. 2절에 등장한 태초의 혼돈과 어둠은 원래 하나님의 속성으로부터 떨어져 나온 심연과 같은 광활한 무입니다. 많은 영성가들은 무를 통과해야 하나님께 갈 수 있다고 말했습니다. 하나님에게서 나온 광활한 공간! 그 무의 세계로 들어가야만 합니다.

우리는 창조된 모든 것이, 모든 것을 넘어계신 충만한 하나님에게서 왔음을 믿습니다. 누가 이 하나님을 담겠습니까? 이 충만한 영원의 사랑을 신뢰하고 사모하는 이들입니다. 자신의 삶의 시작 이전과 끝없음에 대해, 새로운 가능성에 대해, 갇힌 시간과 공간 안에서 영원을 사모하는 이들입니다. 모든 것이 하나님에게서 왔다는 신비를 깨달아 아는 사람들입니다. 그 신비는 모든 것이 이 영원함에 뿌리내리고 있다는 것이며, 우리 삶에서 경험하는 모든 텅 빔이 그분께로 가는 또 하나의 길이라는 사실입니다.

우리 안에는 이 Todo, 전부인 영원을 향한 큰 갈망, 즉 내가 떨어져 나온 곳으로 돌아가고 싶은 갈망이 있습니다. 예수 그리스도는 하나님과 완전히 연결된 삶을 보여주셨습니다. 자신의 몸을 찢어서 우리가 그분의 성령으로 다시 하나님과 연결되는 길을 열어주셨습니다.

불안의 근원은 일치와 창조에 대한 갈망과 연결되어 있습니다. 아우구스티누스는 "우리 마음이 당신 안에서 안식할 때까지는 편안하지 않습니다" 라고 고백하였습니다. 불안은 때로 삶에서 어느 순간 접하게 되는 신비로운 진실의 세계로 인도하는 입구가 되기도 합니다. 우리는 그 기회를 통해서 새로운 창조가 일어나는 하나님의 집으로 가고 싶은 것입니다. 우리의 삶에 걱정이나 불안이 생길 때, 기억하세요. 그 문제들은 우리의 삶이 하나님과 분리되어 있음을 보여준다는 것을, 새로운 창조가 일어나려 하고 있다는 것을….

§ 새 창조를 위한 금언

하나님의 영은 우리에게 의미를 찾도록 귀찮게 하고 방해하는가 하면,
포기하지 않는 하나님의 사랑의 능력으로 우리를 가득 채워주기도 합니
다. 우리가 실패하고 좌절하고 자기 편견에 빠져있음에도 불구하고 하나
님께서는 우리를 창조 시에 의도하셨던 모습으로 끊임없이 불러내십니
다.

– 레티 러셀

§ 기도

주님,
당신이 세상의 전부이듯
세상 또한 당신의 전부입니다.
당신이 사랑으로 낳은 이 세상이
본디 돌아가야 할 근본적 삶의 전환으로 초대받고 있습니다.
그리고 그 한가운데 제가 있습니다.
당신과 나, 세상이 하나 되는 그 날을 기다립니다.

거기에 하나님이 계셨다

§ **성경말씀**

땅이 혼돈하고 공허하며 흑암이 깊음 위에 있고 하나님의 영은 수

면 위에 운행하시니라 (창세기 1장 2절)

태초에 '혼돈과 공허와 흑암이' 있었습니다. 창세기가 바벨론 포로기 시절 히브리 노예들의 현실을 그대로 담아내고 있다는 사실은 우리에게 희망을 줍니다. 창세기 첫 말씀 "태초에 하나님께서 천지를 창조하셨다"의 배경에는 히브리 노예들의 암담한 현실이 놓여 있습니다. 그들에게는 희망이 없었습니다. 절망만이 가득했습니다. 그들의 삶은 바벨론 제국 치하에서 여러 가지 모순과 어려움과 시련으로 가득 차 있었습니다. 그러니 태초는 아무것도 없는 깨끗한 백지 같은 그런 상태가 아니라, 우리로서는 직면하기 싫은 여러 가지 어두운 삶의 재료들이 그 안에 창조의 재료로 존재하는 태초입니다.

그런데 바로 거기에 하나님께서 계셨습니다. 우리는 창조를 무언가 엄청난 사건이 일어난 것으로 생각합니다. 물론 그렇습니다. 그러나 상황이나 환경의 변화보다 중요한 초점은 '거기에 하나님이 계셨다' 라는 것입니다. 창세기 저자는 태초부터 하나님께서 계심을 강조합니다. 어둡고 공허하고 힘든 우리의 삶에 창조가 가능한 이유는 하나님께서 우리와 함께 계시기 때문입니다.

공허한 세상을 살아가며 우리가 절망과 어려움을 겪는 와중에 새로운 창조가 시작되고 있습니다. 내 곁에 아무도 보이지 않는다고, 아무것도 되는 일이 없다고, 실패와 절망 속에서 두려워하는 내 삶에 새로운 창조의 역사가 시작되고 있습니다. 그 창조의 순간에 태초부터 시간을 넘어서 계시는 하나님께서 함께 계시다는 사실이 정말로 중요합니다. 새로운 삶에서 이루어지는 창조의 순간에 하나님께서 함께 하십니다. 하나님께서는 바벨론에 있던 히브리 노예들의 외롭고 고통스럽고 앞이 보이지 않는 역사 속에도 한 줄기 빛으로 희망을 던져주셨습니다. 절대로 새로운 일은 일어나지 않을 것이라고 생각했던 그 노예들의 삶에도 태초부터 천지를 창조하신 하나님께서 함께 하셨습니다. 그리고 이내, 새롭고 위대한 역사가 시작되었습니다. 그 역사가 하나님과 함께 시작되었다고 창세기는 고백합니다.

누가 이 어두운 절망 속에서 우리를 구원할 수 있겠습니까? 누가 이 실패의 좌절감과 열등감에서 우리를 구원할 수 있겠습니까? 누가 이 철두철미하게 죄와 정욕에 사로잡혀 있는 우리에게서 새로운 희망을 볼 수가 있게 하겠습니까? 창세기 저자는 태초부터 계신 하나님과 함께라면

이러한 상황을 넘어설 수 있다는 희망의 메시지를 전합니다. 이 소망의 말씀을 가슴에 받아 새겨야 합니다. 하나님과 함께 있다면 우리가 처한 고통스럽고 힘든 실패와 좌절의 시간을 뛰어넘어 태초의 시간이 새롭게 일어날 것입니다. 하나님과 함께라면 갇힌 시간의 틀을 넘어 태초의 창조가 일어나는 열린 시간으로 들어갈 것입니다. 하나님의 큰 역사가 시작될 것입니다.

창세기 저자는 고통스러운 현실에서 어느 날, 태초의 시간의 비밀을 알게 되었습니다. 우리가 상상할 수 없는 시간 이전부터, 고된 삶의 한가운데로 비추는 축복과 희망의 전조가 있음을 깨달았습니다. 그분이 계셨구나! 내가 현실에 매몰되고 환경과 눈에 보이는 현실에 구속되어서 감히 쳐다보지 못했던 새로운 희망이 이미 있었음을, 그분이 계심을 발견했습니다. "태초에 하나님께서 천지를 창조하셨다", "이런 곳에서도 하나님이 함께 계셨다"는 그 첫 신앙 고백입니다. 오래 참는 사랑으로 하나님께서 새로운 일을 시작하고 계십니다.

§ 새 창조를 위한 금언

어제 내린 슬픔이 영혼에게 가르쳤다.

스쳐 가는 모든 바람 속에서 영원의 속삭임 들어 보라고.

- 캐서린 리 베이츠

§ 기도

주님,

창조도 있기 전에 당신의 사랑이 먼저 있었습니다.

당신은 언제나 거기에 이미 계셨습니다.

당신이 계신다면

혼돈이 꼭 슬픈 일만은 아님을 알게 하소서.

절망과 고통의 삶 속에서 창조의 희망으로 인도하소서.

오래 기다리시는 사랑

§ 성경말씀

땅이 혼돈하고 공허하며 흑암이 깊음 위에 있고 **하나님의 영은 수**

면 위에 운행하시니라 (창세기 1장 2절)

처음에는 오직 어둠과 혼돈이 있었습니다. 그 어둠의 심연 위를 하나님의 영이 운행하기 시작했습니다. 영원한 현재가 시간을 뚫고 들어오기 시작했습니다. 지독한 열병과도 같은 사랑, 영원한 현재가 이 시간으로 돌입해왔습니다. 하나님의 영인 히브리어 '루아흐'는 '수면 위를 운행함' 혹은 '어미 닭이 알을 품는 것'을 의미합니다. 우리의 모체인 하나님께서 신성한 어머니의 몸으로부터 떨어져 나온 피조계를 사랑의 마음으로 기다리면서 품에 안고 계십니다. 자기 몸에서 찢겨 나온 그 파편들이 온전히 하나님과 하나 되어 생명 낳기를 기다리면서 계속 품고 계십니다. 우리를 품으시며 "너는 깨어날 수 있어. 너는 새롭게 탄생할 수 있어. 너는 새로운 창조의 역사를 만들어 낼 수 있어"라고 말씀하고 계십니다. 당신의 큰 날개로 우리의 영혼이 새롭게 깨어나기를 기대하고 계십니다.

구원의 역사가 사랑의 오랜 기다림에 의해서 일어나고 있다는 것을 모르면 절망하게 됩니다. 도저히 창조의 재료라고 생각할 수 없는 재료들, 즉 모든 실패와 두려움과 온갖 죄와 정욕과 같은 것으로 새로운 것을 창조하시기 위해 그분께서는 오래도록 기다리고 계십니다. 우리의 고통, 슬픔, 어둠, 불안과 공허를 새로운 것으로 온전히 부화시키기를 기다리고 계십니다. 그분께서 우리 오랜 삶의 역사 가운데서 새로운 창조가 일어나기를 끝까지 참아내면서 기다리고 계심을 잊지 마십시오. 오랜 기간 삶의 아비규환 속에서, 도저히 꿈조차 꿀 수 없는 그런 현실 속에서, "너희가 무슨 일을 할 수 있겠어? 어떻게 거기서 기적이 일어날 수 있겠어? 거기서 무슨 새로운 일이 일어나겠어?" 비웃는 사람들을 향하여, 오랫동안 포로 생활을 하면서 찌들 대로 찌든 그 노예들을 향하여 하나님께서는 새로운 일을 선포하셨습니다. 그러니 희망하십시오. 이 절망스런 삶 한가운데 오래 기다린 사랑이 지금 깨어나려고 꿈틀거리고 있습니다. 하나님 아버지께서 자기에게서 떨어져 나온 무를 붙잡아서 품고 운행하시며, 피조물들이 당신의 본성인 신성을 회복하기를 원하십니다. 그 사랑의 마음으로 천천히 깊은 심연과 태초의 땅을 운행하셨고, 우리 마음 속 심연과 흑암, 그 무의 세계 속을 운행하고 계십니다.

우리에게는 두 가지 가능성이 있습니다. 하나는 깨어져 버려져서 그냥 사라질 무! 우리는 누구나 죽으면 다 없어지고 사라지는 운명을 가지고 태어났습니다. 그렇게 될 수밖에 없습니다. 그러나 두 번째 가능성이 있습니다. 하나님의 품에 온전히 맡겨져서 근원으로, 그분의 신성으로 돌아갈 가능성! 우리는 그 두 번째 가능성을 가지고 있습니다. Todo가 품어주는 Nada입니다. 하나님 안에 있는 Nada입니다.

오직 첫 번째 Nada로만 사는 사람들이 있습니다. 이들은 욕망의 인간입니다. 때로 문학가들은 이를 열정과 사랑이라고 부르고 종교인들은 집착이라고 부릅니다. 희망이라고 부르는 사람들도 있습니다. 그러나 그 모두가 지독한 열병입니다. 이 Nada는 진공청소기가 먼지를 빨아들이듯 영혼을 자기 쪽으로 빨아들입니다. 우리가 가진 어떤 것도 우리를 이 욕망의 소용돌이, 죄의 소용돌이 속에서 빠져나오게 할 수는 없습니다. 우리는 하나님께서 주신 갈망, 근원으로 돌아가야 할 그 갈망을 자꾸 다른 곳으로 이동시킵니다. 다른 곳으로 움직이면 갈망은 갈망끼리, 욕망은 욕망끼리 엄청난 속도를 가지고 서로 붙어서 신음을 내게 되어 있습니다.

우리는 두 번째 Nada로 살아야 합니다. 그것은 'Todo Nada' 입니다. 예수 그리스도는 첫 번째 Nada에서 죽고, 두 번째 Nada를 지향하면서 Todo이신 하나님께서 우리에게 오게 하는 첫 번째 문이었습니다. 우리는 예수 그리스도 안에서 "나는 세상에 대해서 죽었습니다. 나는 모든 좋은 것들과 나쁜 것들에 대해서 죽었습니다" 라고 고백할 수 있습니다. 이 두 번째 Nada로 살아갈 때, 하나님과 세상을 향한 좁은 문이 점점 커질 것입니다. 이 세상 모든 것이 하나님으로 가는 문이 될 것입니다. 죽음으로 가는 다양한 문이 닫히고 생명을 창조하는 주님의 사랑에 우리는 사로잡힐 것입니다. 복음은 이 끝없는 사랑을 전적으로 신뢰하며 온전히 Todo Nada로 돌이켰던 사람들의 이야기입니다.

§ 새 창조를 위한 금언

사랑으로 가득 찬 믿음으로, 경사진 길을 따라 아래로 달려 내려가십시오. 그러면 우리는 알게 될 것입니다. 우리의 곤궁과 무의 심연이 하나님의 무한한 자비의 심연과 일치한다는 것을…. 비로소 우리는 우리 자신에 대해 죽는 힘을 가질 수 있습니다. 우리가 우리 자신의 길을 잃어버릴 때 우리는 사랑으로 변화됩니다.

- 엘리사벳 카데즈

§ 기도

주님,

집이란 받아들여지는 곳입니다.

오래 기다리시는 당신의 사랑을 신뢰하게 하소서.

우리의 선택이 아버지 집을 향한 것이 되게 하소서.

태초의 말씀, 디다dida!

§ 성경말씀

하나님이 이르시되 빛이 있으라 하시니 빛이 있었고 (창세기 1장 3절)

태초에 말씀이 계시니라 이 말씀이 하나님과 함께 계셨으니 이 말씀은 곧 하나님이시라 그가 태초에 하나님과 함께 계셨고 만물이 그로 말미암아 지은 바 되었으니 지은 것이 하나도 그가 없이는 된 것이 없느니라 (요한복음 1장 1–3절)

태초에 말씀이 계셨습니다. 그 말씀이 하나님과 함께 계셨는데, 그 말씀은 하나님이셨습니다. 다음 구절에서 하나님께서 세상을 창조하셨다는 것은 이해가 가는데 말씀으로 말미암아 모든 세계가 창조되었다는 것은 아리송합니다. 주어를 살펴봅시다. 태초의 말씀이 온 세상을 만들고 나와 사람들을 만들었다는 증언을 주목해야 합니다. 말씀이 나를 창조하셨다고, 말씀이 나와 내 길을 창조하고 계신다고 생각하면 어떤 느낌이 드시나요? 조용히 음미해 보시기 바랍니다. 말씀이 나를 창조했습니다. 세상을 창조했습니다. 말씀이 우리를 창조했다는 것은 내 생각이 아니라 말씀이 우리를 설계했다는 것입니다. 말씀이 태초부터 우리를 계획하셨습니다. 우리는 우리가 문자로 된 말씀을 읽는다고 생각하지만, 사실은 말씀이 우리를 읽고 우리를 창조합니다. 말씀은 새로운 가능성을 창조하는 주체적 힘입니다. 이 말씀이 주체가 되어서 어둠을 비추며 새롭게 삶을 창조하기 시작했습니다.

말씀이 살아 새로운 역사를 만들어 내기 위해서는 주어 못지않게 행동하는 힘이 중요합니다. 말씀이 창조력을 가지려면 말씀을 듣고 이를 행동으로 옮겨야 합니다. 재미있는 우화를 하나 소개합니다. 우다, 쿠다, 슈다, 디다라는 네 자매가 있습니다. 우다가 뭘까요? 우드(would)에 'ㅏ'가 붙은 이름입니다. 우다는 주로 "~할 예정"이라고 말합니다. 쿠다는 쿠드(could)에 'ㅏ'가 붙은 이름입니다. 쿠다는 주로 "~할 수도 있다"고 말합니다. 슈다는 슈드(shoud)에 'ㅏ'가 붙은 이름인데, 늘 "~했어야 했는데"라고 말합니다. 이 세 아이가 모여서 열심히 얘기합니다. "난 이렇게 할 예정이야, 무엇을 어떻게 해야 할지 계획을 세우고 있어. 나는 이러이러하게 될 거야." 우다가 신나게 말합니다. 그랬더니 쿠다가 "그래. 나도 사실은 이러이러한 가능성이 많아. 이렇게 할 수도 있고 저렇게 할 수도 있어." 듣고 있던 슈다도 "나도 이것을 해야만 해. 반드시 할 거야"라고 말합니다. 마지막에 꼬마 소녀 디다가 왔습니다. 디다는 디드(did)에 'ㅏ'가 붙은 이름이었어요. 모든 가능성을 가진 세 언니 우다, 쿠다, 슈다를 물리치고 실제로 행동한 디다가 승리했다는 그런 동화입니다.

우리의 삶에도 디다의 행함이 많이 일어나야 합니다. 하나님께서 "내가 너를 창조했고, 많은 지혜와 기회를 주겠어" 하고 말씀하실 때 디다가 없으면 아무 일도 일어나지 않습니다. 행함 속에 깨달음이 있습니다. 말에 힘이 있습니다. 성만찬의 의미 역시 그 태초의 말씀이 한 말씀이라도 자신의 구체적인 삶 속에 일어나도록 실제로 십자가에 달리시고, 실제로 사랑하시고, 실제로 연민을 가지시고, 실제로 용서하시고, 실제로 분노하시는 예수님의 행함을 육화하기 위함입니다. 그분의 몸과 피를 받음으로써, 우리는 그분이 실제로 이루셨던 '행함' 역시 받습니다. 순전한 작은 아이 '디다' 만이 우리의 살과 피 속에 살아 움직이는 역사를 만듭니다. 태초의 말씀이, 순종하고 행동하고자 하는 나의 찢김 속에 계속 노크하면서 새로운 창조를 만들어 냅니다. 받아먹어라, 받아 마셔라. 그분의 행동한 삶이 우리의 삶에서도 육화될 때 새로운 삶의 축제가 일어나게 될 것입니다.

> 우리들은 행동 속에서 살고 있는 것이다.
> 세월이나 사색이나 단순한 숨 쉼 속에서가 아니라 살아있는 감동 속에서 행동하게 만드는 마음 속에서 나는 것이다.
> 우리는 심장을 시간의 고동으로 피하려는 것이다. 가장 크게 살아가는 사람은 가장 구체적으로 생각하고 가장 고귀한 감정을 가지고 무엇보다도 가장 뛰어나게 행동하는 자이다.
> – 필립 제임스 베일

§ 새 창조를 위한 금언

하나님의 영광은 매우 다차원적이어서, 하나님께서 그분에 대해 말씀하시는 바를 우리 각자가 드러내야 합니다. 그리스도인들은 보잘것없는 사람이지만 서로 똑같은 사람은 아무도 없고, 각자가 독특한 방식으로 하나님의 자기 계시를 드러냅니다. 골짜기가 돋우어지고 산지가 낮아지며 고르지 않은 곳이 평지가 되어 우리 인생의 황무지가 제대로 준비되면 그제야 비로소 하나님의 영광이 만천하에 비칠 것입니다.

– 마르바 던

§ 기도

주님,
저의 삶이 당신의 육화입니다.
태초의 말씀을 가지고 행함을 통해 살아있는 생명의 역사를 누리게 하소서.

온전히 순종하다

§ **성경말씀**

하나님이 이르시되 빛이 있으라 하시니 빛이 있었고 (창세기 1장 3절)

삶은 감자가 양푼에 하나 가득 담겨 있다.
머리 깨끗이 깎고 입대하는 신병들 같다.
앞으로 취침, 뒤로 취침 중이다.
감자는 속속들이 익으려고 결심했다.
나는 으깨질 때 파열음을 내지 않을 것이다.
찜통 속에서 눈을 질끈 감고 있었다.
젓가락이 찌르면 입부터 똥구멍까지 내주고,
김치가 머리에 얹히면 빨간 모자처럼
태연하게 덮어쓸 줄 알게 되었다.
누구라도 입에 넣고 씹어 봐라.
삶은 감자는 소리 지르지 않겠다고
각오한 지 오래다.

- 안도현, '삶은 감자'

하나님께서는 새로운 역사를 창조하실 때 우리를 삶은 감자처럼 만드십니다. 말씀으로 혼돈과 어둠이 드러날 때 비로소 내 삶의 현주소가 드러나기 때문입니다. 혼돈과 어둠 속에서 우리가 지닌 교만과 더러움, 정욕, 인정받고 싶은 욕구, 음란과 시기와 독선이 드러납니다. 그 모든 것이 드러난 후에야 우리는 가난하고 겸손한 그릇이 되어 '내 삶은 정말 아무것도 아니구나. 그분이 찌르시는 대로 나를 만들어 가시는 것이 참 은혜구나' 라고 깨닫게 됩니다. 그러면 절망에서 빛으로 나아가게 됩니다. 진정한 희망을 품게 됩니다. 우리 삶의 모든 것들이 하나님께서 이루어 가시는 창조의 새로운 재료가 됩니다. 하나님의 창조는 이 빛의 근원으로부터 시작해서 우리 삶을 구조조정해 나갑니다. 새로운 삶의 방식은 우리의 노력으로는 얻을 수 없습니다. 구조조정은 당하는 것입니다. 감자처럼 속수무책으로 익혀지는 것입니다. 새로운 역사가 시작할 때마다 하나님께서는 새롭게 구조조정 하셨습니다. 그때마다 새로운 희망이 싹을 틔웠습니다.

온전히 하나님에 대해서 수동적인 상태가 되었을 때, 비로소 진리의 말씀이 새롭게 들리기 시작합니다. 내면에서 움직이고 있는 진리의 말씀을 들으십시오. 집중하십시오. 앞으로 우리가 일을 시작할 때마다 하나님께서 진리의 말씀을 우리에게 주실 것입니다. 우리의 계획이 아닙니다. 우리의 정이 아닙니다. 우리의 지식이 아닙니다. 영적 중심 안에 새롭게 서서, 새로운 진리의 말씀을 늘 새롭게 들어야 합니다. 진리의 말씀을 들으십시오. 매일매일 깊이 기도하십시오. 내면의 동기와 욕구를 알아차려야 깊은 기도가 나옵니다. 자아 중심의 정과 욕이 부서질 때 진리의 말씀이 들립니다. 두려워하지 마십시오. 하나님께서 우리와 함께하시면 진리의 말씀이 새로운 창조 역사를 불러일으키면서 빛을 발합니다. 가슴 떨리는 역동적인 생명의 말씀이 우리에게 들려옵니다. 매일 기도하고, 말씀을 읽고, 영적인 서적을 읽고, 영적인 관계를 이루어 가십시오. 살아있는 말씀 하나가 다가올 것입니다. 오늘 할 일은 우리의 삶을 붙잡고 갈 수 있는 그 말씀 하나를 듣는 것입니다. 이 진리의 말씀이 우리를 사로잡으면 가만히 있어도 놀라운 일이 생깁니다. 창조의 역사가 일어납니다. 누구에게든지 이 빛이 다가오면 새로운 창조의 역사가 일어납니다. 땅이 생깁니다. 솟을 것이 솟아납니다. 가라앉을 것이 가라앉습니다. 바다가 생깁니다. 물고기가 생깁니다. 새가 생깁니다. 삶이 변화됩니다. 새롭고 놀라운 전환이 오고 있습니다. 구원이 일어나고 있습니다. 이전 것은 지나갔고 새로운 것이 오고 있습니다. 감히 내가 꿈꿀 수 없었던, 기대할 수 없었던 새롭고 놀라운 창조의 역사가 지금 여기 일어나고 있습니다.

삶은 감자같이 된 내 삶을 붙잡고 '하나님께서 새롭게 창조하신다' 는 사실을 기억하십시오. 자신의 부족함이 아니라, 하나님의 영이 내 삶을 운행하시며 새로운 역사를 이루심을 기억하시기 바랍니다. 그분이 시작하실 새로운 창조를 기대하십시오. 이른 아침의 찬란한 햇빛, 아름다운 향기를 내뿜는 꽃송이, 기쁨의 선물, 새롭게 만들어질 관계들을 말이지요.

당신의 말씀은 단순하십니다.
오오 주여, 그러하오나
당신의 이름으로 말하는 사람들의 말은 단순하지 못합니다.
저는 알 만하옵니다. 당신의 별들의 소리를,
그리고 당신의 수목들의 그 침묵을.
저는 느끼옵니다. 제 마음이 꽃같이 피어나려 하옴을,
그리고 저의 삶이 눈에 보이지 않는 하나의 샘물을 마시고
충만해 있사옴을.
당신의 노래는 눈에 싸여 적막한 나라로부터 날아온 새처럼
저의 마음에 둥지를 틀고
그 속에서 제 마음의 '4월'의 따스한 보살핌을 받고 있사옵니다.
그래서 제 마음은 흡족하여 행복한 계절을 기다리게 되옵니다.

                                            - 타고르

§새 창조를 위한 금언

하나님의 뜻을 어떻게 알 수 있을까요? 조용히 침묵하고, 사랑을 가지고 온 영혼을 바쳐서 "당신의 뜻이 이루어지소서" 라고 기도한 다음, 해야 할 일이라고 분명하게 느껴지는 것이 바로 하나님의 뜻입니다.

– 시몬느 베이유

§기도

주님,

삶이라는 아름다운 선물,

오늘 하루도 당신의 창조를 기대합니다.

말씀을 따라 경청하고 순종하게 하소서.

그 사랑의 초대를 잘 듣고 응답하며 살겠습니다.

2장

경계에 흐르는 강

구조와 경계가 세워지다

§ **성경말씀**

하나님이 이르시되 빛이 있으라 하시니 빛이 있었고 빛이 하나님이

보시기에 좋았더라 하나님이 빛과 어둠을 나누사 (창세기 1장 3-4절)

창조는 분리와 경계로부터 시작되었습니다. 사람들은 이 말을 좋아하지 않는 경향이 있습니다. '분리' 라는 말에는 차별해서 우열을 매기는 듯한 뉘앙스가 있기 때문이지요. 그러나 성경를 잘 읽어보면 새로운 창조는 분리, 나누고 거룩한 경계를 세우는 것으로부터 시작됨을 알 수 있습니다.

하나님께서는 텅 비어있고 혼돈이 가득한 땅과 흑암이 깊은 수면 위에 세 가지의 분리 사역을 통해 생명의 경계를 만드셨습니다. 경계는 새로운 생명과 내용물들이 채워질 구조였지요. 첫 번째로 하나님께서는 빛과 어둠을 나누셨습니다. 이 빛은 넷째 날에 등장하는 해와 달 이야기에서 말하는 빛, 즉 태양계를 중심으로 하는 지구의 시간 이야기에서 나오는 빛이 아닙니다. 이 빛은 영원과 이어지는 하나님 존재 자신, 모든 생명의 근원이신 하나님의 속성이자 시간이 생성되는 기원입니다. 뒤이은 모든 창조는 바로 이 빛과 영원의 시간에 기대고 있습니다.

하나님께서는 빛이시며, 시간의 주인이십니다. 그분 안에서 분리를 통해 어둠은 빛의 질서 안에 편입되었습니다. 그러니 그분 안에 있는 한 우리는 두려울 것이 없습니다. 고통과 죽음이 우리를 주관하지 못할 것입니다. 두 번째로 하나님께서는 궁창 위의 물과 궁창 아래의 물을 나누셨습니다. 땅 위의 물과 하늘 위의 물이 나뉘면서 공간이 생겨났습니다. 세 번째로 하나님께서는 궁창 아래의 물, 즉 땅 위의 물을 다시 바다와 육지로 나누셨습니다. 이렇게 해서 피조물들이 살 수 있는 공간이 생겨났습니다.

세 번에 걸쳐 창조가 진행될수록 큰 것에서 작은 것으로, 근원적인 것에서 부수적인 것으로 점점 더 구체적인 시간과 공간의 형태를 지녀갔습니다. 그 경계들로 말미암아 그 안에 채워질 내용물이 하나님의 계획에 따라 정해지게 되었습니다. 이 경계로 인해 내용물이 들어갈 사이가 생겼습니다. 공간이 생겼습니다. 공간을 한자로 풀어보면 '빌 공空' '사이 간間'입니다. 텅 빔과 경계가 있어야 공간이라고 부를 수 있습니다. 하나님께서 만드신 경계는 우리의 생명을 유지하는 하나님의 생명수가 흐르는 곳입니다. 텅 빈 곳, 현상으로 보면 아무것도 없는 것 같은 그곳에 사실은 신성한 생명의 강이 흐르고 있고, 그 위에 말씀의 영이 끊임없이 빙빙 돌면서 사랑으로 경계를 지켜주시고 있습니다.

이 경계는 전혀 다른 공간끼리 충돌하지 않고, 우주적 공동체가 조화로이 일치되도록 하는 중요한 표지입니다. 이 경계는 영적인 원리가 흐르는 모든 공동체에도 중요하지요. 흥미롭게도 최근의 과학은 하나님이 계신 시공간의 차원에 대해서도 어느 정도 밝혀냈습니다. 그중의 하나가 휘어진 우주공간에 대한 이론입니다. 뉴턴의 물리학 법칙에 따라 직선적으로 보면 시간과 공간은 인과적인 것, 즉 예측 가능한 것입니다. 그런데 리만의 공간Riemannian Spaces에서는 시간과 공간이 상대적입니다. 상대성이론 역시 이 다차원적 우주의 경계를 밝혀 줍니다.

이러한 차원에서 보면 우리 모두가 이 지구 위에 살고 있지만, 그 위에 사는 이들의 삶은 모두 나름의 시간과 공간을 지니고 있습니다. 다양한 차원의 층과 켜가 있는 것입니다. 서로 좋아서 집착하고 붙어버리면 이 사이가 없어집니다. 하나님께서 창조하시기 위해 제일 먼저 경계를 만드셨음을 잊지 마십시오. 그런즉 사이와 간격이 있어야 합니다. 우리의 몸, 우리의 마음, 우리의 관계, 우리의 일, 우리의 공부 속에 이 궁창, 하나님의 공간과 새로이 조정된 구조와 경계를 세우는 일을 가장 먼저 해야 합니다.

§ 새 창조를 위한 금언

순수하게 사랑하는 것이란 자기가 사랑하는 것과 자기 자신의 거리를
인정하는 것이며, 그 거리를 소중하게 여기는 것입니다.

– 시몬느 베이유

§ 기도

주님,

저희들의 삶에서 새로운 일을 시작할 때

이전과는 다른 차원의 문이 열리려 할 때

경계들을 잘 세우게 하소서.

경계는 생명을 담는 움브_{womb}다

§ **성경말씀**

하나님이 이르시되 빛이 있으라 하시니 빛이 있었고 빛이 하나님이
보시기에 좋았더라 하나님이 빛과 어둠을 나누사 (창세기 1장 3-4절)
니고데모가 이르되 사람이 늙으면 어떻게 날 수 있사옵나이까 두
번째 모태에 들어갔다가 날 수 있사옵나이까 예수께서 대답하시되
진실로 진실로 네게 이르노니 사람이 물과 성령으로 나지 아니하
면 하나님의 나라에 들어갈 수 없느니라 육으로 난 것은 육이요 영
으로 난 것은 영이니 내가 네게 거듭나야 하겠다 하는 말을 놀랍게
여기지 말라 (요한복음 3장 4-7절)

새로운 일은 새로운 차원의 경계를 만드는 것입니다. 그 일이 전혀 다른 차원의 일이라면 더욱 그러합니다. 우리는 새로운 경계의 공간에 새로 태어나야만 합니다! 우리는 거대한 시스템 안에 있습니다. 태어나기도 전에 자궁 안에 있듯 말입니다. 이 시스템 안에 있는 경계들, 즉 기존의 경계들은 기존의 세계관과 질서를 표현하고 있습니다. 그것은 계속해서 사람들로 하여금 무언가를 욕망하게 하지요. 우리는 스스로 무언가를 욕망한다지만 그렇지 않습니다. 다른 사람들이 욕망하는 기준에 맞춰서 인간은 욕망합니다. 자기 욕망이 아닙니다.

이 기존의 체계에서 벗어나기는 쉽지 않습니다. 누군가의 말을 빌리면 '파편이 찢어져 나가는 것 같은 고통'이 따르지요. 드라마를 보면 다음과 같은 장면이 심심치 않게 등장합니다. 딸이 한 남자를 사랑합니다. 그런데 그 남자는 딸의 엄마가 보기에는 시원치 않아 보입니다. 엄마가 딸에게 묻습니다. "걔는 어느 대학 나왔니?" 딸이 움츠러든 목소리로 대학을 못 나왔다고 하자 엄마는 "뭐야? 그런 사람이 너를 먹여 살릴 수나 있겠어? 너는 어떻게 된 게 그런 사람을 좋아하니?"라고 하면서 반대를 합니다. 엄마는 다시 묻습니다. "그래, 그러면 그 남자, 돈은 좀 버니?" 딸이 답하지요. "그냥 자격증 공부하고 있어요." 엄마는 화를 냅니다. "너는 남자 보는 눈이 틀렸어." 여기서 '보는 눈' 은 무엇입니까? 기존의 시스템, 세상이 만들어 놓은 기표에 맞게 보는 눈이지요. 엄마는 자신도 모르게 그 기존의 시스템과 욕망을 대변하고 있는 셈입니다. 이 세계가 정해준 시스템 안에 갇히면 세계가 정해준 경계에 맞추어, 만들어진 기표에 맞추어 욕망할 수밖에 없습니다.

성경 본문을 살펴봅시다. 니고데모가 찾아왔습니다. 니고데모는 옛 세계의 시스템 안에서는 상위층에 속한 사람입니다. 다 가졌어요. 욕망할 수 있는 것은 다 가진 남자가 예수님을 찾아왔습니다. 옛 질서의 관점에서 그는 자신이 속한 곳에서 다른 곳으로 갈 수 없습니다. 이편과 저편 사이, 이 경계에는 일종의 거대한 벽이 놓여있습니다. 새로운 변화나 창조를 기대할 수 없습니다. 하지만 그는 이 세계를 지탱하는 욕망만으로는, 질서와 경계를 지키는 것만으로는 무언가 부족하다고 느꼈습니다. 공허한 마음에 삶이 평안하지 않았고, 가슴도 뛰지 않았습니다. 이렇게 사는 것은 왠지 아닌 것 같다는 생각이 들었습니다. 그런데 이렇게 찾아온 니고데모를 예수님은 얼핏 보기에 상당히 무례하게 대합니다. 일반적으로는 나이가 자기보다 더 많고, 니고데모 정도 되는 사람이 자기의 모든 것을 내려놓고 왔으면 잘 대우해야 정상입니다. "고맙습니다. 당신 정도 되는 사람이 하나님을 믿고 나와 같이 일하면 얼마나 굉장한 일이 벌어지겠어요. 잘 선택하신 겁니다. 너무 감사합니다." 이런 얘기를 해야 하지 않아요? 헌데 예수님은 다르게 말씀하십니다. "아니, 당신은 교사라는 사람이, 배웠다는 사람이, 그것도 몰라요? 거듭나야 해요, 당신은 아직 하늘나라에 들어갈 준비가 안 됐습니다" 라고 말이지요.

예수님을 만난 니고데모는 기존의 세계와는 전혀 다른 새로운 세계의 혼돈을 겪습니다. 뭔가 다른 차원을 갈망하지만, 지금까지와는 다른 차원의 경계와 새로운 세계로 들어가는 곳에는 언제나 기존의 질서와는 다른 새로움으로 들어가는 낯섦이 있습니다. 카프카의 소설『변신』을 보면 주인공 그레고리 잠자는 어느 날 아침 자신이 벌레가 되어있음을 알아차립니다. 자아의 깊은 무의식과 그 저변에서 자신이 벌레 같은 존재였음을 깨달았던 것이지요. 이렇듯 우리도 예전에는 굉장하다고 생각했던 것들이 다 벌레처럼 여겨지게 되는 순간을 맞이할 때가 있습니다. 그 순간, 그 혼돈의 순간이야말로 새로운 세계로 넘어갈 수 있는 준비를 할 수 있는 때입니다.

니고데모는 이 낯섦과 푸대접과 혼돈 속에서도 새로운 차원을 창조할 말씀을 기다렸습니다. 그는 질문합니다. "거듭나다니요? 옛날 모태로 돌아가는 것입니까?" 니고데모 식으로 얘기하자면, 옛날 모태는 태어날 때부터 시스템 안에서 경험했던 모든 것입니다. 『변신』의 그레고리 잠자처럼 새로운 세계가 니고데모에게도 열리기 시작했습니다. 그 새로운 세계로 나가는 힘은, 예수님이 말씀하신 바로는 하늘로부터 내려옵니다. 그때까지 니모데모의 모든 관계는 기존의 거대한 시스템에 뿌리내리고 있었습니다. 그는 그 시스템 안에서, 유대 사회에서 좀 더 인정받고, 사랑받고, 명예롭게 되기 위해 학식을 지니려 했습니다. 그 사회에 잘 적응하기 위해 재물을 축적했습니다. 예수님은 그 니고데모에게 이제 새로운 곳으로 가야 한다고 말씀하셨습니다. '새로운 모태가 필요하다' 는 것입니다.

말씀은 경계를 낳고 경계는 새로운 공간을 만들어냅니다. 여기에 새로운 생명을 담으려면 사랑이 있어야 합니다. 하나님이 세상을 이처럼 사랑하사 독생자 예수 곧 '말씀'을 주셨으니…. 이 말씀이 새로운 경계와 창조의 공간을 만들어냅니다. 이 사랑은 갈급하고 곤고한 외로움을 채워 넣으려고 하는 그런 정욕이 아닙니다. 하늘로부터 내려오는, 어떤 것과도 바꿀 수 없는 하늘의 사랑이 우리에게 있을 때, 새로운 하늘의 모태가 생성됩니다. 첫째 날부터 여섯째 날까지, 새로운 삶을 누릴 하늘과 땅이 만들어지는 것입니다.

§ 새 창조를 위한 금언

자신을 스스로 내려놓는다는 것은 자신을 열어놓는 것을 의미합니다.
자신에게서 나온다는 것은 경이로워할 수 있음을 의미합니다. 나 자신
을 내려놓은 나는 경이로움으로, 삶에 한 조각 좋은 것이 놓여 있음을
봅니다.

– 도로테 죌레

§ 기도

사랑의 주님,
말씀으로 새로운 차원의 경계를 세우게 하소서.
새로운 창조의 공간마다 생명을 창조하는 모태가 생기게 하소서.

사이에 흐르는 생명의 강

§ 성경말씀

하나님이 이르시되 물 가운데에 궁창이 있어 물과 물로 나뉘라 하
시고 하나님이 궁창을 만드사 궁창 아래의 물과 궁창 위의 물로 나
뉘게 하시니 그대로 되니라 (창세기 1장 6-7절)

하나님께서는 거룩한 공간을 창조하셨습니다. 그 공간을 창조하신 재료가 무엇일까요? 우리는 공간을 생각하면 기둥, 벽돌, 문, 유리, 벽 등 구조물들을 먼저 떠올립니다. 그러나 창조의 시간이 사람의 시간과 다르게 진리의 빛으로 이루어진 것처럼, 창조의 공간도 우리가 생각하는 것과 다른 차원으로 구성되어 있습니다. 창세기 1장 6-10절을 보면 하늘과 땅이 구분되는 장면이 나옵니다. 1장 6절을 보니 "물 가운데에 궁창이 있어 물과 물로 나뉘라"고 기록되어 있습니다. 즉 하늘과 땅은 하나로 뭉쳐 있었는데, 그것이 물이었다는 것입니다. 그렇다면 하늘과 땅과 같은 공간을 만들어 내는 것은 결국 무엇입니까? 물입니다. 우리가 새롭게 역사를 만들어 나가도록 하는, 창조적인 일을 하는 공간을 만들어내는 근원 역시 물입니다.

성경을 보면 여러 구절에 물이 나옵니다. 창세기 1장에서 하나님의 영이 어디에 운행했습니까? '수면 위', 물 위에 운행했다고 합니다. 에덴동산도 큰 강물이 네 줄기로 흘러 내려서 온 세상을 적시고 있었습니다. 성경의 마지막 장인 요한계시록 22장의 천국에서는 하나님의 보좌로부터 생명의 강물이 흘러서 온 세상을 향해 흘러가고 있습니다. 이제 물에 대하여 어떤 영감이 서서히 오기 시작할 것입니다. 창세기에 언급되는 물은 바다를 이루고 있는 그런 물이 아닙니다. 모든 창조의 공간을 만들어내는 놀라운 능력이 있는 물입니다. 성경의 알파와 오메가를 이 물이 장식하고 있습니다. 빛과 물은 성경 전체를 관통해 하나님의 시간과 공간을 만들어내는 놀라운 두 가지 재료입니다. 빛과 물! 우리의 삶에 빛과 물이 있다면 새로운 창조가 일어날 수 있습니다.

요한복음 7장 38절을 보면 "그 배에서 생수의 강이 흘러넘칠 것"이라고 합니다. 어디에 생수가 흘러넘칠까요? 우리의 배에서 그렇게 될 것이라고 합니다. 그런데 우리들의 배에서 실제 강물이 흘러넘치나요? 아니지요. 그러므로 당연히 이 물은 물질적인 액체를 말하는 것이 아님을 알 수 있습니다. 매일 마시는 물이 아니라 창조의 역사를 일으키는 생명의 물입니다. 하나님과의 일치를 이루었던 이들은 '그 배 속에서 하나님의 생수의 강이 흘러넘치는 것'을 체험했습니다. 하나님께서 이 생명의 강물의 근원으로서 몸과 정신과 영혼에 생명의 물을 공급하시는 것을 경험한 것입니다. 바로 이 물에 궁창이 세워질 때 경계가 생기고 창조가 일어납니다. 생명의 물이 가득한 온 세계가 질서를 갖추어 나뉘었습니다. 창조의 역사가 일어나려면 이 생명의 물이 있어야 합니다. 그러한 물이 바다를 덮는다고 상상해 보십시오. 복음성가에 나오는 "물이 바다 덮음 같이" 라는 가사가 이해가 될 겁니다. 천국에 있는 하나님의 보좌로부터 흘러내리는 생명의 강물, 하나님께서 약속하신 에덴의 생명나무로부터 강물의 줄기가 흘러내려서, 우리의 마음과 우리의 영혼, 우리의 역사와 온 지구를 감싸 안고 있습니다. 단지, 그것을 보는 사람과 보지 못하는 사람들, 그것을 느끼는 사람과 느끼지 못하는 사람이 있을 뿐입니다.

이 경계와 사이를 통해, 하나님께서는 우리를 빛과 생명의 강물을 흘려보내는 통로로 부르고 계십니다. 하나님께서는 하나님의 성전이 있는 곳 예루살렘을 통해서 이 생명수가 천지에 흐르게 예정하셨습니다. 우리의 삶 가운데 하나님의 경계와 하늘의 풍성함을 두면, 하나님께서 당신의 보좌로부터 성령을 통해서 샘물을 강물처럼 흘려보내실 것입니다. 그리하여 하나의 큰 장이 형성될 것입니다. 하나님의 생명수가, 하나님의 생명의 강물이 우리 삶의 거룩한 경계마다 역사함을 보십시오.

§ 새 창조를 위한 금언

말씀은 살아있고, 존재하고, 영이고, 푸릇푸릇한 신록이고, 일체의 창조성입니다. 울려 퍼지는 가락, 곧 하나님께서 말씀을 행사하심으로써 모든 피조물이 깨어나고 부름을 받습니다.

－ 빙엔의 힐데가르트

§ 기도

주님,

당신이 허락하신 경계를 통해 생명의 강이 넘쳐흐르도록 하소서.

그 생명의 물이 우리의 영혼과 삶에 가득차서 새로운 창조가 일어나게 하소서.

흐르고 넘쳐 온전히 덮도록

§ 성경말씀

하나님이 이르시되 물 가운데에 궁창이 있어 물과 물로 나뉘라 하
시고 하나님이 궁창을 만드사 궁창 아래의 물과 궁창 위의 물로 나
뉘게 하시니 그대로 되니라 (창세기 1장 6-7절)

그가 나를 데리고 성전 문에 이르시니 성전의 앞면이 동쪽을 향하
였는데 그 문지방 밑에서 물이 나와 동쪽으로 흐르다가 성전 오른
쪽 제단 남쪽으로 흘러내리더라 그가 또 나를 데리고 북문으로 나
가서 바깥 길로 꺾여 동쪽을 향한 바깥 문에 이르시기로 본즉 물이
그 오른쪽에서 스며 나오더라 (에스겔 47장 1-2절)

에스겔서 47장에서 에스겔은 물과 관련된 거룩한 환상을 전합니다. 바벨론 포로생활 25년이 지났을 때, 하나님께서는 에스겔에게 새로운 예루살렘 성전과 성읍들을 보여주기 위해서 환상을 보여주셨습니다. 성전 문지방에서 나온 물이 온 땅을 적시고 이스라엘 땅의 경계를 확장하면서 흘러나갑니다. 그 물이 흐르는 좌우의 둑에서는 맛있는 과일나무가 새롭게 열매를 맺고, 죽은 바다가 살아나고 거기에서 어부들이 고기를 잡게 됩니다.

보통은 이 물이 성전에 있는 사방의 문을 통해서 흘러내려야 하는데, 동문을 향해서 흘러내리고 있었다는 점에 유념해야 합니다. 그 동문은 양들의 문으로서 예수님이 드나드셨던 곳입니다. 예수님으로부터 흘러나오는 그 물! 십자가의 자기부정으로 그 물의 경계를 지나는 예수 그리스도로부터 흐르는 물! 계시록을 보면 하나님의 보좌, 어린양의 보좌가 있는 그곳으로부터 계속 생명의 물이 흘러내리고 있습니다. 우리 눈에는 보이지 않지만, 온 세상에 우리를 먹여 살리고 우리의 영혼을 살리고 있는 생명의 강물이 흐르고 있습니다. 그 강은 이미 하늘과 땅 사이에, 우리의 모든 공간에 흘러넘치고 있습니다. 에스겔은 보았습니다. 성막의

지성소에서 이 근원의 물이 흘러나오는 것을! 이 지성소에서 흘러나오고 있는 물은 하나님과 함께하는 사람들, 예수 그리스도와 일치되어서 지성소의 등불을 밝힌 사람들을 통해서 흘러나옵니다. 자기 마음과 영혼 깊이 자기 자아가 어떻게 움직이는지 환하고 밝게 아는 그 사람들을 통해서 흘러나옵니다. 그 사람들의 영혼과 함께 이 세상을 움직이는 모든 물질계의 원리를 통해서 흘러나옵니다. 그들은 생명의 근원에 늘 초점을 맞추고 보는 사람들, 깨어있는 사람들입니다. 어린양의 보좌, 하나님의 보좌 지성소로부터 흘러나오는 그 생명의 강물에서 우리는 비로소 참 자유를 느낍니다. 우리를 살게 하는 힘을 느낍니다. 생명의 강이 우리를 자유롭게 하고 풍요롭게 합니다.

우리의 영혼에, 우리의 마음에 지성소로 들어가기 위한 성소의 불을 켜기 시작하면 우리의 기도는 기복신앙을 넘어섭니다. 진실로 하나님의 사랑과 진리를 향한 깊고 간절한 기도가 지성소를 가득 채우고, 성소인 우리의 마음과 정신, 현실을 가득 채우면, 지성소로부터 흘러나온 생명의 강물이 우리를 통해 온 세상에 퍼지는 것을 경험할 것입니다. 이것이 우리에게 주어진 창조의 약속입니다.

생명의 강물 안에 있을 때만 우리는 새로운 창조의 역사를 일으킬 수 있습니다. 새로운 창조는 그전에 내가 경험하고 판단했던 것으로는 이룰 수 없습니다. 새로운 빛이 와야 합니다. 하나님의 생명의 강물이 우리를 채워 넘쳐흘러야 합니다.

에스겔이 환상을 봤을 때 처음에 그 물은 발목 정도의 높이였지만 나중에는 무릎으로, 더 나아가서는 몸 전체를 채울 정도가 되었습니다. 발목 정도를 채우는 개울 물 안에서 다니면 누가 걸어 다니는 것입니까? 그냥 내가 걸어 다니는 것입니다. 수동성으로 은혜의 강물에 흠뻑 잠겨야 합니다. 내 것은 하나도 없어야 합니다. 생명의 강물이 이미 온 우주를 덮고 있음에도 불구하고 우리는 물이 발목 정도로 찼다고 만족하고, 무릎 정도 찼다고 만족합니다. 천만에요. 물이 온몸을 덮고도 넘쳐야 합니다. 넘쳐흐르는 생명의 역사가 일어나야 합니다. 넘치고 넘쳐흐를 때에만 생명의 역사가 일어납니다. 물이 넘쳐흐름을 깨닫고 그 가운데 가만히 서 있으십시오. 내가 걸으려고 하면 빠져 죽습니다. 흘러넘치는 저 우주적인 강물에 편안히 자신을 맡기십시오. 하나님께서 주재하시는 생명의 역사가 나를 사로잡을 수 있도록, 그 안에 푹 들어가 내 것은 하나도 없이 그저 자신을 스스로 온전히 맡긴다는 마음으로, 유유히 흐르는 강에 몸을 실으십시오. 생명의 강물이 흐르지 않는데, 하나님의 빛이 오지 않았는데 내가 억지로 하는 신앙생활은 힘이 듭니다. 그것은 신앙생활이 아니라 율법생활입니다.

공동체를 만들어 나갈 때에도 마찬가지입니다. 아담과 하와가 정과 욕으로 하나 된 순간 겉으로 보기에는 궁합이 잘 맞는 부부 같았지만, 그 이후 서로 기만하고 미워하고, 탓했습니다. 빛과 물이 흐르는 은혜의 역사가 있지 않으면 진정한 관계는 형성되지 않습니다. 그러므로 하나님의 큰 빛을 받아서 이 강물이 우리를 사로잡을 수 있도록 온전히 주님께 자신을 맡기는 믿음의 훈련을 해야 합니다. 하나님의 보좌로부터 나오는 생명의 강물이 우리 키를 훨씬 넘어서 자연스럽게 흘러가게끔 해야 합니다. 그것이 하나님께서 우리에게 약속하신 새로운 창조가 일어나는데 필요한 유일한 조건입니다.

§ 새 창조를 위한 금언

최상의 덕은 우리의 뜻을 하나님의 뜻과 일치시키는 것, 우리가 하나님의 뜻으로 파악한 것을 온전히 실행할 수 있도록 노력하는 것입니다. 그것이 쓰고 아프든, 기쁘고 받아들일 수 있든 하나님의 뜻이 원하는 대로 어떤 것이든 실천하는 것입니다.

— 아빌라의 테레사

§ 기도

주님,

온 인류를 먹여 살리시는 생명의 강되신 예수 그리스도를 바라봅니다.

이 강물 위에 몸을 맡기고 흘러가게 하소서.

선악과, 그건 사랑이었네

§ **성경말씀**

그들이 그 날 바람이 불 때 동산에 거니시는 여호와 하나님의 소리를 듣고 아담과 그의 아내가 여호와 하나님의 낯을 피하여 동산 나무 사이에 숨은지라 여호와 하나님이 아담을 부르시며 그에게 이르시되 네가 어디 있느냐 이르되 내가 동산에서 하나님의 소리를 듣고 내가 벗었으므로 두려워하여 숨었나이다 (창세기 3장 8-10절)

누군가는 선악과를 하나님이 인간을 테스트하고 말을 듣지 않자 에덴에서 쫓아내는 심술궂음과 독선의 상징으로 생각합니다. 큰 오해입니다. 사람이 만든 하나님의 이미지는 자아에 갇힌 자아상과 세계관의 투사일 경우가 많습니다. 오히려 선악과는 하나님의 거룩한 형상 중 인간에게 부여하신 가장 위대한 선물, 자유의지를 사람됨에 사용할 수 있는 권한과 거룩한 경계에 관한 이야기입니다.

선악과의 문제는 본디 에덴의 중심 자리를 누가 차지하고 있느냐의 문제, 주인에 대한 신뢰의 문제입니다. 하늘과 땅을 연결하는 사이 공간의 존재였던 인간은 잘못된 자유의 선택에 따라 점점 중심 공간이 하락 이동하고 마침내는 퇴출당하고 맙니다. 에덴의 중심 자리가 점점 변화되는 것을 보십시오. 1장의 충만한 교감과 동행이 있던 곳에는 선악과가 자리하지 않습니다. 그다음 2장을 넘어가면서 선악과가 중심 경계에 자리합니다. 타락 이후에는 하나님의 눈을 피하는 인간의 도피처가 되고 결국 인간은 에덴에서 쫓겨나고 맙니다. 이는 끊임없이 파라다이스를 찾는 인간의 동기가 피난처를 찾기 위한 것으로 전락하는 역설과도 연결됩니다. 그러니 "아담아, 네가 어디 있느냐?" 는 하나님의 질문은 성경 전체를 흐르는 질문이요, 자신의 삶의 중심 공간이 어딘지를 묻는 근원적인 질문입니다.

"사람아, 너는 어디에 있느냐? 너의 삶은 지금 어디에 뿌리내리고 있느냐?"

자신의 삶에서 하나님을 제거하고 자기 마음대로 살고 싶어하는 인간은 언제나 선악과의 경계를 무너뜨리고자 하기 마련입니다. 그래서 하나님께서는 숨어있는 아담과 하와에게 "너는 어디에 있느냐? 네 삶이 지금 어디에 있느냐? 내가 너희에게 선물한 그 위대한 선택의 자유의지를 어디에다 두고 지금 살아가고 있느냐?" 라고 물으시는 것입니다.

인간은 하나님께서 주신 경계를 무너뜨리면서 하나님과 함께 누리고 해석하고 다스리고 돌보고 협력하는 자리에서 벗어나게 되었습니다. 홀로 판단하고, 뱀과 함께 불평하고 탓하고 핑계 대면서 살게 되었습니다. 축복의 공간을 버리고 뱀의 소리를 선택하면서 인간은 그에 대한 책임도 홀로 지게 되었습니다. 잘 산다는 것이 하나님과 인간이 서로 사랑하면서 세계를 돌보는 것에 있는 것이 아니라, 무엇인가를 소유하는 것, 지배하는 것, 권력을 잡는 것으로 잘못 이해되기 시작했습니다. 이는 뱀의 목적이기도 했습니다. 지금도 뱀은 하나님과 인간 사이를 벌어지게 하고, 그리하여 인간이 인간을 지배하게 하고, 서로 시기하게 하며 경쟁하게끔 유도합니다. 태초에 인간에게 주어졌던 모든 축복과 권리를 망각하게 해서 하나님 없이 하나님처럼 살게끔 인간의 욕망을 부추깁니다. 인간을 하나님의 사랑에서 벗어나게 해 멸망의 길로 인도하려 애씁니다.

사랑의 경계가 필요합니다. 생명의 경계가 필요합니다. 경계가 없다면 혼란이 생길 뿐입니다. 하나님께서 분명하게 세워두신 그 경계를 우리 안에 잘 세워야 합니다. 매일 매 순간 걸음을 멈추고, 걸음과 그 걸음의 사이에 하늘의 공간을 두어야 합니다. 그러면 이 세상이 감당할 수 없는 하늘의 한 걸음을 내딛게 될 것입니다. 하나님의 하늘들이 내 발자국 하나하나에 담긴다고 상상해 봅시다. 관계들 사이에 하나님의 축복이 내려오고 그분의 은총이 우리의 삶 구석구석 넘쳐흐를 것입니다. 이 공간과 틈에 자신의 욕망과 계획, 상처를 집어넣지 마십시오. 나의 욕심과 내가 원하는 계획으로 자꾸 메우면 안 됩니다. 그 부재를 남겨두고

주님의 영이 그것을 품에 안고 흐르도록 하면 내 삶의 모든 것이 완전한
비움에서 생겨나는 생명수로 둘러싸이고 그 태초의 물이 우리 삶에 생
명을 부어주기 시작할 것입니다.

독일의 신학자 디트리히 본회퍼의 글을 조금 수정해보았습니다.

> 사랑하는 사람의 부재가 올 때
> 고통이 올 때
> 일의 실패가 있을 때
> 거기서 그분의 선악과를 발견하십시오.
> 그 부재를 내가 원하는 어떤 것으로 쉽게
> 메우려는 것은 바른 생각이 아닙니다.
> 그 경계에 하나님의 뜻이 흐르도록
> 그냥 열어두어야 합니다.
> 우리 삶의 동산에 그분이 계시다면
> 그 틈은 희망과 결합될 수 있기 때문입니다.
> 하나님이 그 틈을 메워줄 거라고
> 내가 바라는 식으로 메워줄 거라고 말하지 마세요.
> 그건 잘못된 생각입니다.

하나님은 그 틈을 메워주지 않고
오히려 그 틈을 그대로 내버려두십니다.
그 틈을 내버려둘 뿐만 아니라 그 틈을 만드십니다.

– 본 회퍼의『저항과 복종』중

§ 새 창조를 위한 금언

작은 신뢰의 울타리로 오늘을 둘러쳐서 그 안에 사랑하는 일을 채우고 거기서 머물자.

– 메리 버츠

§ 기도

주님,

우리의 모든 관계와 일 속에 경계가 세워지게 하소서.

그 경계를 만드신 하나님 앞에 서서 당신의 개입을 기다리게 하소서.

채우기 전에 먼저 비우고 분리하고 경계를 잘 세우게 하소서.

사람과 사람 사이에도

§ **성경말씀**

하나님이 자기 형상 곧 하나님의 형상대로 사람을 창조하시되 남자

와 여자를 창조하시고 (창세기 1장 27절)

빅터 프랭클은 프로이드와 융을 넘어 비엔나 제3 심리학파를 이끈 심리학자입니다. 프로이드가 인간의 모든 살아가는 힘을 본능, 특히 성욕에 기초한 리비도를 중심으로 해석했다고 한다면, 빅터 프랭클은 가장 중요한 심리학적 전제를 자기 초월에 있다고 주장했습니다. 인간이 자기에게 새겨진 본능을 넘어설 때야말로 자신의 본질에 이를 수 있다는 것입니다. 그는 아우슈비츠 포로수용소에서 죽을 뻔하다가 살아남은 체험을 중심으로 극한의 상황에서 나타나는 삶의 의미는 무엇인가를 풀어헤쳤습니다. 이를 토대로 쓴 책이 바로『죽음의 수용소에서』(청아 출판사 역간)입니다.

이 책을 보면 나치는 포로수용소에 있는 사람들을 효과적으로 죽이기 위해서 인간으로서의 정체성을 번호로 세탁하는 장면이 나옵니다. 그들은 수용소에 들어가기 전 사람들의 모습을 나타낼 수 있는 모든 것을 없애고 똑같은 옷에 수감 번호만을 새겼지요. 프랭클은 119104번이었습니다. 그런 뒤에 가축 축사와 같은 건물에 사람들을 수용하고 혹독한 노동을 강요했으며 그들이 노동력을 상실하는 순간, 가스실로 보냈습니다. 사람들을 수용한 감옥은 좁디좁았으며 배설물과 토설도 치우지 않아 온갖 냄새로 가득 찼습니다. 이러한 상태에 놓인 수감자들은 차라리 죽는 게 낫겠다고 생각했습니다. 감시하는 이들은 그런 수감자들을 인간으로 취급하지 않았고 그들을 죽이는 것이 어렵지 않게 되었으며 이는 대량학살로까지 이어졌습니다.

빅터 프랭클도 그 감옥에 들어갔습니다. 그런데 어느 날 먼저 수용소에 있던 의사가 그에게 다가와서 살 방법이 있다며 조언을 해주었습니다. 그 조언은 "꼭 면도와 세수를 하고 바르게 서 있으라" 는 것이었습니다. 당시 감옥에는 매일 오후 4시 30분에 따뜻한 커피 한 잔이 나왔습니다. 그 한 잔에서 절반은 세수하는데 쓸 수 있었지요. 의사는 그것을 꼭! 하라고 조언했습니다. 일종의 경계 명령이 떨어진 것입니다. 물 한 잔이 너무 아쉬운 상황에서 처음에는 반 잔의 커피로 씻는 사람들이 있었지만, 나중에는 "이 피 같은 물을 먹어야지, 먹어서 조금이라도 사는 게 중요하지. 이걸로 얼굴을 닦는다고 깨끗해지나?" 라고 하면서 그것을 마시는 사람들이 생기기 시작했습니다. 그런데 그 커피 반 잔을 마셔 버린 사람들은 반드시 가스실로 가더라는 것입니다.

나치의 목적은 사람들을 짐승처럼 만드는 데 있었습니다. 프랭클의 분석에 따르면 포로수용소의 커피 한 잔은 그저 식욕과 갈증은 채우는 물한 잔이 아니라 최소한의 인간성을 지킬 수 있는 경계였습니다. 그들에게 주어진 자유의지를 가지고 이 물 한 잔을 어떻게 사용하는가는 하나님께서 자신의 형상으로 창조하신 인간의 가치를 결정하는 일이었다는 것입니다. 먹기에도 아까운 적은 양의 물을 가지고 자신의 얼굴을 씻는 것은 자신을 짐승으로 만들고자 하는 그들의 전략, 유례없는 악의 전략에 꿋꿋하게 맞선 저항이요, 항거였습니다. 죄수복의 한 귀퉁이를 찢어서 커피 반 잔의 물로 얼굴과 옷을 닦고 몸을 꼿꼿이 하고 살아있는 눈빛을 유지했던 이들, '인간다움'을 유지하며 저항했던 이들을 간수들은 감히 죽일 수 없었습니다.

하나님의 형상으로서의 인간다움이 없어진 이들은 죽음을 맞이했고, 인간다움을 지켜 낸 사람은 살아남았습니다. 그리고 또 한 부류, 간수에게 적극적으로 빌붙었던 이들도 살아남았습니다. 이를 두고 빅터 플랭클은 "그 수용소에는 돼지와 아주 소수의 성자 두 부류밖에는 없었다"라는 얘기를 하면서 결국 모든 것이 다 사라지고 난 다음, 우리의 모든 가림막, 즉 인격과 사회적 지위와 재산이 다 박탈된 최악의 극한적 실존의 환경에서 마지막 남은 것은 '선택의 자유' 밖에 없었다고 고백합니다. 즉 짐승이나 악의 화신처럼 될 것이냐 혹은 하나님의 형상으로 살아남을 것이냐에 대한 선택밖에 없었다는 것입니다.

어떤 사람은 "왜 하나님이 선악과를 만들어서 인간을 힘들게 하는가? 왜 만들어 놓고 먹었다고 쫓아내는가? 그런 걸 안 만들었으면 생명 실과만 먹고 행복하게 살 수 있었을 텐데" 라고 말합니다. 그러나 그렇게 된다면 인간들은 하나님을 닮은 것이 아니라 생각이 없는 기계와 같을 것입니다. 하나님께서는 우리에게 하나님의 형상을 닮은 자유의지를 가지고 자기의 마음과 삶 속에서 선택하고 결단하고 실천할 수 있는 위대한 자유를 주셨습니다. 이것이 선악과가 우리 삶에 있는 이유입니다.

하나님께서는 행복한 닭과 돼지로 에덴동산을 채울 생각이 아니었기 때문에 선택할 수 있는 자유를 우리에게 주셨습니다. 선악과의 존재는 하나님께서 우리에게 위대한 자유를 허용하셨음을 의미합니다. 선악과로 인해 우리는 우리 안에 있는 하나님의 형상을 지켜내느냐, 지켜내지 않느냐하는 선택을 자유로이 할 수 있습니다. 선악과가 없으면 우리는 선택할 아무런 근거가 없게 됩니다. 우리는 선택해야 합니다. 하나님을 선택해서 진정한 사람이 될 것인가 혹은 동물이나 마귀처럼 될 것인가를 선택해야 합니다. 선악과는 하나님의 형상이 지닌 가능성을 위한 위대한 선물입니다.

의사의 조언을 받아들였던 빅터 프랭클은 유리를 조각내서 면도하기 시작했습니다. 반 잔의 물로 얼굴을 씻었습니다. 인간은 심한 고통을 겪을수록 살기 위해 남의 것을 빼앗고, 죽이고, 남을 짓밟고 그 위에 서려고 합니다. 그렇게 인간은 짐승이 되어갑니다. 하지만 우리가 지독한 고통을 겪는 가운데 해야 할 일은 우리 안에 있는 하나님의 형상을 지키는 것입니다. 이 길을 선택하는 것이 인간을 창조하신 하나님의 뜻을 실현하는 유일한 방법입니다. 배신과 고독, 고통의 십자가 위에서도 끝까지 용서와 사랑과 순명을 선택하신 하나님의 아들처럼 말입니다. 죽음 끝까지 갈지라도 남아있는 유일한 하나님의 형상, 하나님의 뜻대로 살 수 있는 자유를 받았다는 그 위대한 선물을 기억하십시오.

§ 새 창조를 위한 금언

주님을 위해 무슨 일을 할 것이냐가 아니라 그분이 우리를 어떤 존재로 빚으실 것이냐가 그리스도인들이 당면한 도전입니다.

주님은 우리를 그분의 형상대로 변화시키기 원하십니다.

– 마르바 던

§ 기도

주님,

선악과라는 자유의 시험대를 주신 것을 감사합니다.

어떤 상황에서도 당신의 형상을 선택할 수 있도록 인도하소서.

참 사람됨을 위해 경계가 필요하다

§ 성경말씀

동산 중앙에 있는 나무의 열매는 하나님의 말씀에 너희는 먹지도
말고 만지지도 말라 너희가 죽을까 하노라 하셨느니라 뱀이 여자에
게 이르되 너희가 결코 죽지 아니하리라 (창세기 3장 3-4절)

에덴동산 이야기의 핵심은 하나님께서 우리와 함께 하심에 있습니다. 우리에게 주어진 자유를 사용하여, 하나님과 동행하며 하나님의 말씀대로 사는 곳이 에덴입니다.

빅터 프랭클은 말합니다. "집단수용소에서 살았던 우리는 다른 사람을 위로하거나 마지막 빵 한 조각을 남에게 주었던 사람을 기억한다. … 사람에게서 모든 것을 빼앗아 가더라도 한 가지는 빼앗을 수 없다. 주어진 상황과 관계없이 자신의 태도를 선택할 수 있는, 인간으로서의 마지막 자유가 그것이다."

아우슈비츠는 늘 우리의 삶 가운데 있습니다. 유혹하는 뱀도 늘 우리 삶 가운데 있으면서 기회를 노리고 있습니다. 아우슈비츠에서 있었던 대량학살은 갑자기 벌어진 일이 아닙니다. 우리의 삶 가운데 언제든 일어날 수 있었던 일이 특정한 발화점을 만나 폭발한, 현실화된 사건일 뿐입니다. 희망은 있습니다. 이 선악과의 경계를 하나님의 형상으로 승화시키는 자유로운 인간들이 존재하는 한 말이지요. 선악과는 어떤 상황이 주어지든 자유의지를 가지고 하나님의 형상을 닮은 인간으로 살 것을 선택할 수 있도록 하는 장치입니다. 인간을 가장 인간답게 만드는 가능성입니다. 하나님께서 우리에게 주신 일종의 신호등입니다. 선악과를 통해서, 이 경계를 통해 하나님께서 말씀하십니다. "멈춰라! 더 가면 안 된다. 더 가면 끝없는 욕망과 악에 삼켜지게 될 것이다."

영적 훈련은 바로 이 자유의지를 어디에 둘 것인가에 대한 끝없는 훈련입니다. 무엇을 우선순위로 둘 것인지를 끊임없이 자신에게 묻는 훈련입니다. 자발성을 가지고 선악과의 경계를 둘 수 있는 참다운 인간이 되어야 합니다. 말씀의 자리에서 한 발자국도 움직이지 않는 내적 힘이 필요합니다. 뱀은 속삭입니다. "아니야, 죽지 않아." 하지만 하나님께서 "반드시 죽는다" 라고 말씀하실 때는 꼭 죽게 되어 있습니다. 그것은 이 문제가 생명과 연결된 중대 사안이라는 것을 말해주는 것입니다. 선악과를 통해 하나님께서는 경고하십니다. "이 선택에 네 생명이 달려있다! 네가 이 선택을 정말 하나님을 향한 방향에 두지 않는다면 너는 사는 게 사는 게 아니야! 이미 짐승이거나 마귀이거나 그런 존재로 변질되는 것이야!"

우리는 시간과 공간 안에 놓여 있기 때문에, 보이지 않는 하나님을 직접 상대하기는 어렵습니다. 하지만 하나님께서는 우리의 일과 사랑의 관계 속에 경계를 분명하게 주셨습니다. 선악과라는 경계를 만들어 놓고 난 다음에 하와를 만드셔서 아담과 함께 있도록 하셨습니다. 아담이 보기에 아내가 머리부터 발끝까지 사랑스럽습니다. 아내를 볼 때마다 너무 예뻐서 마음에 점점 들어옵니다. 처음에 하나님이 계시고 생명을 품었던 경계에 하와가 자리 잡기 시작했습니다. 마침내 하나님께서 지은 경계를 넘어서 하와와 일치가 되어버렸습니다. 그렇게 일치되자 서로에게 의존하고, 서로 탓하고 불평하기 시작했습니다.

사람은 모든 관계에 생명의 경계를 두고 만나야 합니다. 하나님과 일치한 후 사람과 만나야 합니다. 경계를 지키면 경계를 다스릴 수 있습니다. 예수님은 제자들과 관계 맺으실 때도 항상 하나님과의 정확한 일치 가운데서 관계를 맺으셨습니다. 경계를 두셨습니다. 선악과를 두셨습니다. 모든 것을 하나님의 관점으로 보면서, 그것에 근거해서 일치하는 한, 관계를 맺으셨습니다. 사랑하는 어머니를 대할 때조차 분명한 경계를 두고 대하셨습니다. 가룟 유다의 배신에 큰 상처를 입었지만 자기 마음대로 하지 않고 분명한 하나님의 경계를 따라 섬기셨습니다. 그 경계는 오직 하나님의 뜻에 따라서, 하나님의 사랑과 신뢰와 순종과 믿음의 일치에 따른 그 관계성의 원형을 따라서 관계하겠다는 것이었습니다. 베드로 역시 "당신은 하나님의 살아계신 아들입니다"라는 고백을 할 때는 성령님이 그의 가운데 계시고 경계가 분명했습니다. 그런데 경계가 사라지고 인간적인 생각에 사로잡혀 있을 때는 성령님이 그 가운데 계시지 않았습니다.

관계를 맺기 전에 성령님 안에서 자족한 단독자로 서야 합니다. 단독자로 먼저 서서 경계가 무엇인지 식별해야 합니다. 하나님께서 주신 경계가 내가 서 있어야 할 부르심의 자리입니다. '오직 하나님' 이라고 얘기하지만, 하나님께서 주신 경계, 선악과가 우리 중심에 분명하게 있을 때에만 하나님을 하나님이라고 인정하는 것입니다. 분명한 경계가 없는 상태에서 '오직 하나님' 이라고 할 때는 자기가 하나님이라고 스스로 고백하는 것입니다.

선악과는 필연적 범죄일까요? 아닙니다. 하나님을 내 마음에 온전히 붙

들고 나면 밖에서 온 것은 나를 흔들 수 없습니다. 성경를 보면 사단은 바깥에 있는 것을 사용하여 사람을 흔듭니다. 하나님의 사랑이 내 마음을 장악하면 밖으로부터 오는 영향력이 나를 이기지 못합니다. 그런 것들은 나를 흔들 수도, 헷갈리게 할 수도 없습니다.

빅터 프랭클은 말합니다. "인간의 목적은 자기실현이 아니다. 자기 초월이다. 자기 한계를 받아들여서 그것을 초월해서 살아가는 것이다. 성공을 목표로 삼지 마라! 그럴수록 반드시 피폐해지고 멀어진다. 성공과 행복은 본질 위에 서 있을수록 반드시 찾아오게 되어있다. 오히려 그런 것에 무관심하고 본질에 집중하고 본질이 주는 엄청난 카타르시스와 행복에 집중하면 언젠가 그런 것들은 반드시 따라오게 되어있다."

하나님께서 우리를 이 위대한 자유로 부르시고 계십니다.

"사랑하는 내 아들, 내 딸아, 이 위대한 유산을 함께 누리자!
함께 가자! 이 위대한 자유의 거대한 물결로 너희를 초대한다!"

§ **새 창조를 위한 금언**

성령 안에서의 삶이란 하나님처럼 되는 것, 우리의 뜻을 하나님의 뜻에 일치시키는 것입니다. 세상 속에서 하나님의 일을 하는 것입니다. 텅 빈 자아는 이제 하나님으로 가득 찰 수 있습니다.

– 샐리 맥페이그

§ **기도**

주님,

때로 우리에게 남은 유일한 것이 궁극적인 실존 밖에 없을지라도

우리에게 남은 것이 있습니다.

이 위대한 자유, 하나님의 형상을 선택하는 삶이 되기를 축복합니다.

3장

저녁이 되고 아침이 되니

저녁이 되고 아침이 되니

하나님이 빛을 낮이라 부르시고 어둠을 밤이라 부르시니라 저녁이

되고 아침이 되니 이는 첫째 날이니라 (창세기 1장 5절)

지금까지의 묵상을 통해 창조의 빛이 흔히 상상하는 전구의 빛이나 태양빛이 아니라 진리의 빛임을 알게 되었습니다. 이 진리의 빛은 시간을 창조합니다. 저녁이 되고 아침이 되니 하루가 지났습니다.

이 창조 이야기에 어떤 이들은 의혹의 시선을 보냅니다. "어떻게 우주가 7일 만에 창조되는가? 최근 과학은 몇 억 년에 걸쳐 우주가 만들어졌음을 보여주고 있지 않은가?" 하면서 말이지요. 또 어떤 이들은 우리의 시간 단위, 태양력에서 말하는 7일 만에 우주가 창조되었다고 고집합니다. 하지만 그 창조의 시간은 태양력에 기초한 시간이 아닙니다. 진리의 빛에 의해 조명받고 있는 시간입니다. 이 시간은 태양력이 아닙니다. 음력도 아닙니다. 시계로 잴 수 있는 시간도 아닙니다.

"저녁이 되고 아침이 되니 그것이 하루였다"라는 문장 안에 있는 구조를 살펴야 합니다. 저녁과 밤사이에 어떤 전환이 일어나 아침이 생겼고 하나님께서는 이를 하루로 보셨습니다. 여기서 하루는 태양력의 하루, 연대기적 시간, 즉 크로노스와는 그 길이와 차원이 전혀 다릅니다. 이 시간을 기독교 전통은 카이로스라고 불렀습니다.

기독교 영성가들은 전통적으로 영적 전환기에 한 단계에서 다른 단계로의 돌파를 강조했습니다. 각 단계와 전환은 사람마다 다르고 단계마다 다르며, 한 단계에서 다른 단계로의 돌파 역시 양적이지 않고 질적입니다. 성령의 시간, 빛의 시간도 그와 같습니다. 제일 먼저 창조된 시간은 영원과 잇대어 있는 카이로스의 시간이었습니다.

창세기 1장 4-5절을 보면 하나님께서는 시간을 만드실 때 빛을 먼저 만드셨습니다. 빛에서 어둠을 분리하신 다음 "보기에 참 좋다" 라고 말씀하셨습니다. 그다음에 '저녁이 되고 아침이 되니 첫째 날' 이라는 말이 나옵니다. 이후에 창조 기사의 23절까지 계속 '저녁이 되고 아침이 되니' 라는 표현이 반복됩니다. 하나님께서는 왜 구태여 한꺼번에 창조하지 않으시고 첫째 날부터 일곱째 날까지를 나누어서, 쪼개서 창조하셨을까요? 한꺼번에 있으라고 말씀하시면 그렇게 창조가 일어났을 텐데 말입니다. 왜 '저녁' 이 먼저 있고 '아침' 이 나중에 등장할까요? 그리고 이것은 지금 우리에게 무엇을 전해주고 있는 것일까요?

아우구스티누스는 창조에 관한 글에서 하나님의 날을 우리의 영적 성장과 연관 지어 일곱 단계로 나누었습니다. 그는 태초에 하나님께서 시간과 우주를 창조하셨던 방식과 우리 삶에서 진행되는 영적 성장 사이에 긴밀한 연관성이 있다고 본 것입니다. 우리가 알고 있는 일상적인 앎의 틀에서 잠시 벗어나 진리의 빛으로, 태초에 일어났던 창조에 관한 이야기를 다시 보십시오. 그리고 이를 통해 우리에게 다가오는 말씀에 귀 기울여보십시오.

우리의 삶을 돌아봅시다. 몇 개의 큰 어두운 밤들이 지나갔나요? 그 밤들은 어떤 새로운 날들을 창조했나요? 각 마디가 우리에게 주는 의미는 무엇인가요?

§ 새 창조를 위한 금언

하나님을 하나님답게, 우리를 우리답게 만드는 근본적인 특징은 바로 창조 활동입니다. 이후로는, 기독교 신앙을 부정적이거나 정적인 것으로, 혹은 푹 가라앉은 그 무엇으로 만들 수 있는 여지가 없습니다. 영원에서 영원으로 그분께서는 하나님 아버지요, 만물의 창조주입니다.

– 도로시 세이어스

§ 기도

주님,

저녁이 되고 아침이 되는 창조의 전환을 생각합니다.

밤의 의미를 이해하고 새로운 창조로 나아가게 하소서.

밤은 알고 있다

§ **성경말씀**

하나님이 빛을 낮이라 부르시고 어둠을 밤이라 부르시니라 저녁이

되고 아침이 되니 이는 첫째 날이니라 (창세기 1장 5절)

하나님이 그 지으신 모든 것을 보시니 보시기에 심히 좋았더라 저녁

이 되며 아침이 되니 이는 여섯째 날이니라 (창세기 1장 31절)

창세기 1장의 구조를 보면 창조의 시간은 저녁부터 시작합니다. 아침을 하루의 시작으로 보는 우리의 시간 감각과는 퍽 다릅니다. 이 감각을 지워야 한다고 강조하기라도 하듯 창세기 1장에는 계속 창조가 저녁부터 시작됩니다. 하나님께서는 저녁에 활동하십니다. 이 저녁은 통념적인 시간과 동일하지는 않습니다만 우리 삶에서 저녁이 지니는 가치를 다시금 돌아보게 합니다. 저녁이 되면 우리는 하루를 마무리할 준비를 합니다. 식사를 마치고, 느긋하게 휴식을 취합니다. 저녁은 일을 접고 쉬는 시간입니다. 활동이 이루어지는 시간, 의식이 주가 되는 낮을 지나 의식이 쉼을 취할 때 비로소 밤의 차원, 의식 배후에 있는 거대한 무의식이 움직이기 시작합니다. 이 저녁의 차원에 귀 기울일 때, 밤에 침잠할 때 우리는 새로이 시작할 수 있습니다. 그 창조의 저녁에 하나님께서 활동하셨듯이, 우리 삶의 저녁에 새로운 창조가 시작됩니다.

각 분야에서 빼어난 업적을 남긴 이들의 면면을 살펴보면 공통으로 자신의 활동을 멈춘 채 가만히 있는 시간이 있습니다. 아무것도 하지 않지만, 그 멈춤의 상태 안에서 많은 일이 일어납니다. 기도와 쉼, 명상의 시간 또한 이와 같은 맥락에서 이해될 수 있습니다. 의식적인 활동을 멈추고, 명료하지 않은 의식의 상태로 들어갈 때 우리의 정리되지 않은 생각들이 정리되고, 생각의 방향이 서며, 영글어집니다. 밤의 차원 속에서 우리 마음은 염려와 시선에 대한 부담을 줄이고 자유롭게 됩니다. 이 차원 속에서는 무엇이든 일어날 수 있고, 무엇이든 생각할 수 있고, 무엇이든 느낄 수 있습니다. 혼자만의 시간 안에서 더욱 자신에게 진실해집니다. 이 과정을 통해 새로운 말들, 대상들 그리고 사람들에 대한 생각이 일어납니다. 이렇게 해서 새로운 창조의 토대가 놓입니다. 심리학자 블레크너는 이 무의식의 활동, 밤의 차원을 일컬어 인간의 지식, 상상력, 새로운 삶을 창조하는 개척자라 말했습니다. 우리가 낮에 일하고, 누군가와 대화를 나눌 때에는 주로 개념적인 언어를 사용합니다. 이때는 의식이 우리를 주도합니다. 하지만 이는 커다란 현실의 지극히 일부에 불과합니다. 정말 커다란 활동은 그 배후에서, 내면에서, 무의식에서 일어납니다. 그곳에서 자신의 진실한 감정과 욕동欲動, 에너지가 움직이고 있습니다. 의식의 차원이 쉼을 취할 때, 무의식의 차원으로 가라앉을 때 그 감정과 욕동, 에너지가 현실화됩니다.

심리학자들에 의하면 우리가 잠이 들어 꿈을 꿀 때 뇌에서는 세 가지

활동이 일어난다고 합니다. 우선은 기회를 탐구하는 활동이 뇌에서 일어나고, 그 다음에는 문제를 해결하기 위해 뇌세포들이 움직이며 마지막으로는 결단을 촉구하는 화학 성분이 혈관에 주입됩니다. 생물학적으로도 밤의 차원에 속해있을 때 낮의 차원, 의식적인 사고로는 하지 못하는 문제 해결능력을 갖추게 된다는 사실은 곱씹어 볼 필요가 있습니다. 그리스도인인 우리는 밤의 차원에 들어감으로써, 꿈을 통해, 거룩한 상상을 통해 '실제로 있었거나 있을 법한 현실에 뿌리내리고 사건을 새롭게 구축하는 행위'를 만들어낼 수 있습니다. 이러한 꿈과 상상력은 모두 하나님의 영토 안에 있습니다. 우리는 이 차원을 도외시하지 않으면서, 이 차원에 대한 적극적인 해석을 통해 우리 자신을 돌아보고 변혁해나갈 수 있어야 합니다.

성경에는 밤에 잠을 자다가 하나님을 만난 인물들의 이야기가 심심치 않게 등장합니다. 야곱은 천국의 사다리 꿈을 통해서 하나님께서 자신의 구체적인 삶에 함께 하시는 살아계신 존재임을 알았습니다. 요셉은 파라오의 꿈을 해석해서 앞으로 이집트에 닥칠 기근을 준비할 수 있었습니다. 이렇듯 삶에 새로운 창조가 일어나려면 우리는 쉬고, 기도하고,

잠자고, 꿈꾸어야 합니다. 밤의 차원에서 펼쳐지는 내면과 무의식의 세계를 마주해야 합니다. 다른 사람들의 시선이나 두려움이나 사회적 규약에서 벗어나, 마음속 깊은 곳에서 진정으로 갈망하는 것을 마주해야 합니다. 그러한 갈망과 마주했을 때 비로소 새로운 가능성을, 그 가능성을 통해 우리에게 다가오는 하나님의 은총을 온전히 맞이할 수 있습니다.

§새 창조를 위한 금언

우리는 수많은 일 한가운데서도 혼자 있기를 원해야 합니다. 하나님을 참으로 사랑하는 영혼은 혼자 있기를 꾸준히 원해야 합니다.

– 아빌라의 테레사

§기도

주님,

밤에 아침을 준비하시는 주님을 기억합니다.

꿈과 느린 기도를 통해 당신의 뜻을 알게 하소서.

밤 깊은 곳에 던져라

§ 성경말씀

하나님이 빛을 낮이라 부르시고 어둠을 밤이라 부르시니라 저녁이

되고 아침이 되니 이는 첫째 날이니라 (창세기 1장 5절)

말씀을 마치시고 시몬에게 이르시되 깊은 데로 가서 그물을 내려

고기를 잡으라 시몬이 대답하여 이르되 선생님 우리들이 밤이 새도

록 수고하였으되 잡은 것이 없지마는 말씀에 의지하여 내가 그물을

내리리이다 하고 그렇게 하니 고기를 잡은 것이 심히 많아 그물이

찢어지는지라 (누가복음 5장 4-6절)

본문에서 베드로는 밤새 고기를 잡았는데, 아무리 해도 고기가 잡히지 않아 일을 접고 집에 가려 합니다. 그런 와중에 예수님이 베드로에게 다가와 말씀하십니다. "깊은 곳에 그물을 던져라." 베드로가 그 말씀에 순종하여 그물을 던지니 밤새도록 한 마리도 잡히지 않던 고기가 비로소 잡혔습니다. 새벽기도 시간에 이 이야기를 나누는데 한 집사님이 예수님이 일하시는 방식은 참 이상하다고 말했습니다. 예수님이 베드로에게 진작 말씀해주셨으면 좋았을 텐데 집에 가려고 할 때쯤에야 말씀하셨으니 베드로도 은근히 부아가 치밀었을 거라는 것입니다. 그 솔직함에 많이 웃었습니다. 하지만 이 이야기는 하나님께서 역사하시는 원리를 보여줍니다. 우리가 밤새도록 수고하는 그것이 헛수고라는 깨달음이 있을 때 비로소 우리는 하나님께 주도권을 드리며, 그 순간에 비로소 하나님께서 우리에게 하시는 말씀을 들을 수 있다는 원리 말입니다.

다시 본문의 이야기를 살펴볼까요. 베드로가 밤새 고기를 잡을 때 그는 고기를 잡는 데에만 신경을 쓰고 있었습니다. 그런 그의 눈에 저쪽 건너편에 계시는 예수님은 보이지 않았고, 예수님의 말씀도 들리지 않았지요. 낙담이 가득 차 있을 때, 예수님은 그의 배 안으로 직접 들어오셔서 깊은 곳에 그물을 던지라고 말씀하셨고 그 말씀에 순종했을 때 비로소 고기를 잡을 수 있었습니다.

순간순간 내 뜻과 고정관념으로는 되지 않는 상황을 마주할 때, 지금까지 해왔던 일들이 더는 효과가 없을 때가 있습니다. 내 뜻을 더 세게 밀어붙인다고 해서 일이 해결되지 않습니다. 근무시간에 해결되지 않는 일이 야근을 한다고 해결되지는 않는 법입니다. 그럴 때에는 퇴근해서 푹 쉬는 게 낫습니다. 충분한 쉼이 있는 밤의 시간을 거쳐 새로운 아침을 맞이했을 때 오히려 일을 해결할 방안이 떠오릅니다. 우리의 삶 전체도 그러합니다. 우리의 생각이 퇴근하고, 감정이 퇴근한 저녁에 주님께서 활동하십니다. 퇴근해서 밤의 차원으로 들어가 주님의 품 안에서 잘 들고, 주님께서 하실 일을 기대하십시오. 아침에 일어나, 밤사이에 주님께서 하신 일을 보십시오. 그분께서 이미 영으로 다 해놓으셨음을 알게 될 것입니다. 우리는 '이미' 놀라운 축복을 받았습니다. 하나님께서는 그분이 우리 인생의 참된 주인이 되신다는 것, 우리가 그분의 상속자라는 사실을 인정하기 원하십니다. 하나님께서는 우리에게 축복을 거저 주시고 싶은데, 우리는 우리 삶의 주인이 되고자 거저 받는 사랑과 가벼운

멍에는 피하면서 스스로 무거운 짐을 지고 가려 애씁니다. 안식의 주인이신 그분을 제쳐놓고 홀로 애써서 아침을 끌어당기려 합니다. 여기서 모든 혼란과 무질서가 생겨납니다. 저녁을 보내야 아침이 됩니다.

저녁을 만드십시오. 달콤한 잠을 취할 때 얻을 수 있는 꿈결 같은 마음의 상태에서 사랑에 가득 찬 그분의 음성을 듣고 대화를 나누십시오. 신뢰와 사랑으로 고백하십시오. "주님, 참 좋습니다. 주님, 너무나 놀랍습니다. 주님께서 하신 일이 놀랍고, 하실 일이 놀랍습니다." 주님께서 말씀하실 것입니다. "그래, 네가 오늘 할 일 중에서 내가 중요하게 생각하는 일이 있다." 그러면 말하십시오. "주님께서 중요하게 생각하시는 일을 저도 중요하게 생각합니다. 주님께서 밤 동안 이미 하신 일을 저도 봅니다. 감사합니다." 이럴 때 비로소 우리는 일을 온전히 시작할 수 있습니다. 충분한 밤의 대화 없이 허둥지둥 살아가는 것은 아침을 또다시 끌어당길 뿐입니다.

그리스도의 십자가를 바라보며 온전히 저녁을 삶에 끌어당겨서 맞아들여야 합니다. 저녁을 온 마음과 영혼으로 받아들여, 부활의 아침을 예고하는 그리스도 앞에 자신을 온전히 맡겨야 합니다. "하나님, 온전히 순종합니다. 당신께서 주시는 저녁을 찬양합니다. 주님께서 지정해 주신 일을 찬양합니다" 라고 고백하면서 말이지요. 내가 지정한 일, 원하는 일을 주님께서 이루시는지를 시험하지 말고, 주님께서 예정하신 일을 내가 보는지를 살피십시오. 나를 앞세워 무엇인가를 정하면 주님께서 예비하신 뜻이 보이질 않습니다. 그러니 헛수고를 하게 됩니다. "주님, 내 삶의 혼돈, 공허, 흑암을 내 손으로 몰아내고, 스스로 광명과 성취와 아침과 창조를 끌어들이려고 했던 그 모든 것을 회개합니다. 당신께서 창조하신 그 모든 일이 놀랍다는 것을, 당신께서 한낱 피조물 된 나를 위해서 예비하고 계신 그 놀라운 축복의 길을 인정하지 않았습니다" 라는 회개가 있기를 원합니다. 저녁이 주는 하나님의 심판과 하나님의 사랑을 받으십시오.

베드로는 주님의 말씀 앞에 무릎 꿇음으로써 자신이 자기 인생의 주인이라고 생각하는 행위를 뉘우쳤습니다. 그는 성실한 사람이었습니다. 바람을 피우지도, 사기를 치지도 않았습니다. 그러나 그는 죄인이었고 죄인임을 알았습니다. 하나님께서 우리의 창조주이시고, 우리가 그분의 피조물이며, 상속자라는 진리에서 떨어져 사는 것이 죄임을 알았습니다. 주님과 떨어져서 만들어 내는 모든 행위가 죄입니다. 내가 신이 되어서 거짓 아침과 사이비 아침을 만들어 내는 모든 것이 죄입니다. 죄악과 본능의 힘은 우리를 삶의 주인이라고 자꾸 부추깁니다. 삶의 매 순간 자꾸 스스로 아침을 실현하라고 충동질합니다. "너는 아침을 만들어낼 수 있는 능력을 갖추고 있어"라고 속삭입니다. 그 착각과 오만 때문에 우리는 죄와 사망의 법으로 떨어집니다. 우리가 피조물이자 상속자라는 역설적 신분을 넘어서 스스로 하나님의 자리에 서서 판단하고 아침을 당기려고 하면, 그때부터는 근본적인 죄악이 만들어내는 무질서, 고통, 실패, 분열을 맛볼 수밖에 없습니다. 무질서와 흑암과 혼돈과 공허의 고통 속에 살 수밖에 없습니다.

모든 순간마다, 모든 관계마다, 하나님의 품 안에서 그분께서 하시는 일을 보십시오. 그분께서 이미 하신 일을 잘 다듬고 거두어들이십시오. 우리는 하나님의 시간이 우리의 시간과 공간 안에서 살아 움직일 수 있도록, 매일의 삶이 하나님께서 창조하시는 시간이 될 수 있도록 축복받았습니다.

아침은 우리가 이루는 업적이 아닙니다. 신뢰와 사랑으로 밤을 통과하는 동안 이전의 잘못된 패러다임이 철저하게 바뀜으로써 맞는 영광의 순리입니다. 내가 삶의 주인이 되어 움직이던 태도를 버리고, 동기를 바꾸어 하늘의 뜻에 순명할 때 나는 나의 한계를 벗어납니다. 그렇게 살아갈 때 비로소 밝은 아침이 다가옵니다.

§새 창조를 위한 금언

안식 없는 영혼아, 이 시간 그분의 가슴에 기대어라. 그분의 은혜는 힘과 생명, 그분의 사랑은 꽃. 쉬고 쉬며 또 쉬어라. 그분의 온유한 능력안에서.

– 이디스 윌리스 린

§기도

주님,

그리스도의 십자가를 바라보면서 온전히 저녁을 맞아들이도록 도우소서. 그분이 주시는 저녁을 온 마음과 영혼으로 받아들여서 부활의 아침을 맞이하게 하소서.

아침만을 바랐던 가룟 유다는

§ 성경말씀

하나님이 빛을 낮이라 부르시고 어둠을 밤이라 부르시니라 저녁이 되고 아침이 되니 이는 첫째 날이니라 (창세기 1장 5절)

그 때에 열둘 중의 하나인 가룟 유다라 하는 자가 대제사장들에게 가서 말하되 내가 예수를 너희에게 넘겨 주리니 얼마나 주려느냐 하니 그들이 은 삼십을 달아 주거늘 그가 그 때부터 예수를 넘겨 줄 기회를 찾더라 (마태복음 26장 14-16절)

유대인 철학자이자 랍비였던 마르틴 부버가 베를린에서 사역하고 있을 때의 일입니다. 친구가 찾아와 유대민족의 해방에 대해 함께 이야기를 주고받았습니다. 한참이 지난 후 헤어질 때가 되자 친구가 물었습니다. "랍비 부버여, 유대민족 해방도 중요하지만, 우리에게 중요한 것은 뭐니 뭐니 해도 신앙이 아닌지요. 당신은 하나님을 믿습니까?" 부버는 "물론이지요. 물론 믿습니다" 라고 대답했습니다. 기차를 타고 돌아오는 길에 부버는 찜찜함을 느꼈습니다. 친구의 물음이 마음을 떠나지 않았던 것이지요. 그는 계속 고민하다 어느 순간 깨달음을 얻었습니다. 자신이 하나님을 믿기는 믿었으되 그때까지는 제3의 위치에서, 삼인칭으로 믿었다는 사실을 말입니다.

여러분은 하나님을 믿고 계십니까? 그분께서 여러분의 삶에 들어오셔서 여러분의 삶을 구체적으로 움직이고 계심을 감지하고 있나요? 성경에 등장하는 많은 이들은 자기가 알고 있는 것, 자기가 확실히 믿고 있는 것을 내려놓고 새롭게 예수님을 만났습니다. 예수님께 많은 꾸중을 들었던 율법 학자들은 지금으로 말하면 성경과 신학과 교회법 등을 달달 암기하고 철저하게 율법대로 살려고 노력했던 사람들이었습니다. 희생제사와 법도를 다 실천하는 사람들이었고, 교회를 열심히 다니는 사람들이었고, 헌신하는 사람들이었습니다. 그런데 그러한 행위와 믿음으로는 예수님을 알아볼 수가 없었습니다. 자기의 인생 경험과 고정관념과 완고함과 자기가 믿었던 확신으로는 하나님을 올바로 알아볼 수가 없었어요. 밤이 오지 않으면 우리의 확신과 제도를 넘어 계신 하나님을 알아볼 수 없습니다.

예수님의 제자 중에서도 똑똑하고 헌신적이었던 가룟 유다 역시 예수님을 알아볼 수가 없었습니다. 오늘의 본문 앞의 구절들에서 가룟 유다는 예수님을 은 30냥에 팝니다. 가룟 유다가 과연 돈이 없어서, 은 30냥 때문에 예수님을 팔았을까요? 그렇지 않습니다. 그는 유능한 사람이었고, 헌신적인 사람이었습니다. 가룟 유다가 예수님을 팔았던 것은 자신의 기대에 맞추어 예수님이 행동하지 않으셨기 때문입니다. 예수님이 예루살렘으로 입성하시자 그는 기대에 부풀어 있었습니다. 예루살렘은 영광의 도시, 아침의 상징과도 같은 도시였기 때문입니다. 유다는 기존의 권력층, 종교 지도자들에게 예수님이 맞서서 현실적인 승리를 쟁취할 거라고 생각했습니다. 하지만 예루살렘에 들어서자 정작 예수님은 어떠한 행동도 하지 않으셨습니다. 오히려, 수난을 받을 거라는 예고를 하셨지요. 똑똑했으되 밤의 차원을 알지 못했던 유다는 자신이 바라는 상에 맞지 않는다는 이유로, 자신이 원하는 아침을 보여주지 않았다는 이유로 예수님을 팔았습니다.

이러한 유다의 모습은 예수님의 발에 향유를 부은 여인을 향한 그의 태도에서도 발견할 수 있습니다. 그는 여인의 사랑을 이해하지 못했고, 수난을 준비하는 사랑 또한 이해하지 못했습니다. 영성은 하나님과의 일치입니다. 일치하려면 낮과 밤의 말씀을 가리지 않고 경청해야 합니다. 영원이신 말씀을 알아들으려면 내 생각, 내 감정, 내 경험, 내 의지가 잠들어야 하고, 진정한 믿음을 가지려면 이성과 감각의 어두운 밤을 경험해야 합니다. 그렇지 않으면 판단과 오감이 먼저 움직이게 될 것입니다.

새로운 날들, 창조의 날들을 원한다면 어두운 밤과 밝은 아침을 동등하게 환대하십시오. 그리고 판단, 움직임, 생각, 경험, 욕구 등이 먼저 움직이면서 걱정과 아집과 나태함을 조장하면 '내가 또 밤의 과정 없이 아침을 움직이려 하는구나!' 라고 알아차리십시오. 새날이 오고 있습니다.

나의 가는 길을 오직 그가 아시나니 그가 나를 단련하신 후에는
내가 정금 같이 나오리라 (욥 23:10)

§ 새 창조를 위한 금언

우리 내부에 빈 자리를 받아들여야 합니다. 마음에 있는 것들을 모두 끄집어내야 합니다. 무엇보다도 빈 자리가, 빈 자리와 어두운 밤이 만들어져야 합니다.

- 시몬느 베이유

§ 기도

주님,

우리의 신앙생활이 아침만을 환대하는 일이 되지 않기를 원합니다.
우리의 경험, 생각과 판단을 내려놓고 어두운 밤을 통해 말씀하시는
당신의 뜻을 경청하게 하소서.

무지無知의 지知

§ 성경말씀

하나님이 빛을 낮이라 부르시고 어둠을 밤이라 부르시니라 저녁이
되고 아침이 되니 이는 첫째 날이니라 (창세기 1장 5절)

베드로가 대답하여 이르되 모두 주를 버릴지라도 나는 결코 버리지
않겠나이다 예수께서 이르시되 내가 진실로 네게 이르노니 오늘 밤
닭 울기 전에 네가 세 번 나를 부인하리라 베드로가 이르되 내가
주와 함께 죽을지언정 주를 부인하지 않겠나이다 하고 모든 제자도
그와 같이 말하니라 (마태복음 26장 33-35절)

이에 베드로가 예수의 말씀에 닭 울기 전에 네가 세 번 나를 부인
하리라 하심이 생각나서 밖에 나가서 심히 통곡하니라

(마태복음 26장 75절)

본문에서 베드로는 전혀 낯선 예수님을 마주합니다. 그런 모습의 예수님을 베드로는 멀찍이서 지켜보며 그분을 따라갑니다. 고고해서 가까이 하기에는 부담스러운 가치들을 마주한 것처럼, 너무도 환해 똑바로는 볼 수 없는 태양을 마주한 것처럼 그는 멀찌감치 예수님을 따라갑니다. 늘 가까이서 봐왔던 예수님, 자신이 그분을 가장 잘 안다고 생각했고, 칼을 들고서라도 그분을 지켜주겠노라 외쳤던 베드로에게 멀리서 보이는 예수님의 모습은 낯설기 그지없습니다.

베드로는 멀찍이 따라가면서 당장에라도 그분이 무언가 보여주시지 않을까 기대합니다. 동시에 '분명 그분은 메시아인데, 그럴 리가 없는데…' 라고 의혹을 던지며, 두려움과 불안함을 지닌 채 그분 뒤를 밟습니다. 처음 만났던 순간이 떠오릅니다. 밤새도록 고기가 잡히지 않아 허탈해하고 있을 때 "오른편에 던져라"하시며 무수한 고기를 잡게 하셨던 그분의 모습이 떠오릅니다. 영광스러운 모습으로 변모하셨던 장면과 함께 "그는 나의 사랑하는 아들이니 그의 말을 들으라"는 음성을 들었던 변화산에서의 경험도 떠오릅니다. 오병이어의 기적, 수많은 사람의 환호, 온갖 치유 행위들, 죽은 자가 살아났던 기적적인 일도 떠오릅니다.

결국, 베드로는 예수님을 세 번 부인합니다. 저는 그 용감했던 베드로가 자신이 잡힐까 봐 두려워서 예수님을 부인했다고는 생각하지 않습니다. 그는 공허와 혼란 가운데 있었기에 예수님을 부인했던 것입니다. 예수님이 포승줄에 묶인 채 이리저리 끌려 다니자 베드로는 예수님에 대한 자신의 믿음이 뿌리 채 흔들림을 경험했습니다. '내가 생각했던 그분이 맞는 것일까? 이분은 도대체 누구일까?' 이런 혼란스러움 가운데 세 번의 부인이 나온 것입니다. 아마도, 베드로는 이렇게 되뇌었을 겁니다. '나는 이제 당신의 지난 말들이 이해되지 않습니다. 나는 당신을 모릅니다. 당신을 따랐던 나 자신에 대해서도 이제 모르겠습니다.' 그때 예수님이 베드로를 똑바로 바라보셨습니다. 안타까운 마음으로 이런 말들을 담아 그를 바라보셨겠지요. '베드로야 너무 안타깝구나! 너는 그렇게 나를 따라다녔어도 나를 모르는구나. 나는 죽으러 가는 것이 아니고 살리러 가는 것이다. 이것이 생명의 길이다. 언젠가 때가 오면 너도 그럴 것이다.' 그때 조용하게 닭이 울었습니다.

베드로가 혼란스러운 마음으로 군중을 떠나 바깥으로 나왔습니다. 홀로 하나님 앞에 섰을 때 비로소 울음이 터져나왔습니다. 자기의 욕망과 관념과 상처에 사로잡혀서 예수님을 올바로 알아보기 힘들었다는 것을 알아차렸습니다. 꿰뚫어보시는 예수님의 눈을 쳐다보면서 비로소 예수님이 자신을 바라보는 시선으로 예수님을 바라보게 되었습니다. 그것은 하나님의 아들이 사람의 아들로 되었다는 것이 무엇을 의미하는가를 알려주는 시선이었습니다. 그분은 열두 명, 칠십 명을 거느린 골목대장이 아니었습니다. 그저 이스라엘 민족의 정치적 해방을 위해 온 해방자가 아니었습니다. 그분은 자기가 알고 믿어왔던 분을 넘어서는 분이었습니다. 모든 이기심과 자기애, 혈연과 민족을 넘어서 온 인류를 끌어안은 그 사랑을 몸소 보여주신 분이었습니다. 그렇게, 그분은 자기의 제자들과 이스라엘과 한 시대를 넘어서서 온 인류가 구원과 사랑에 이르도록 하는 길을 베드로에게 보여주셨습니다.

홀로 목 놓아 운 뒤 베드로는 삼 년 동안 모든 시간을 바쳐 쫓아다녔던 자신의 진짜 얼굴을, 그리고 그분의 진짜 얼굴을 어렴풋이 깨닫기 시작했습니다. 그 깨달음은 이제는 자신이 감히 정확하게 그분을 이해할 수는 없다는 겸손한 깨달음, 무지의 지, 어두운 구름 위의 앎이었습니다. 자신이 지금껏 꿈꾸지 못했던 인류구원이라는 소명이 그에게 주어졌음을 깨달았습니다. 불과 몇 분 사이에, 억겁의 차원이 담긴 시간이 그를 거쳐 갔습니다. 예수님이 보여준 온전한 사랑, 피땀 어린 순종의 얼굴을 떠올리는 동안 '아! 그가 진실로 하나님의 아들이었구나! 그리고 그 하나님의 아들이 구체적인 아주 구체적인 사람의 아들로 와서 이제 온 인류를 온 마음으로 끌어안고 사랑하는, 죽으면서 사랑하는 그 길로 가는 것이구나!' 라는 깨달음이 그를 감쌌습니다. 사랑하고 사랑받는 자의 의미가 무엇인지를, 진리를 통해서 구원하는 사랑이 무엇인지를, 그리고 그 사랑을 하기 위해서 자유롭게 산다는 것이 무엇인지를 알게 되는 순간이었습니다. 알껍데기가 '툭' 하고 깨어지는 순간이었습니다.

그 베드로처럼, 한국 교회는 명예와 교세와 권력과 환호의 메시아로 알고 따랐던 예수님에 대한 자신의 상을 내려놓아야 합니다. 현실 도피적이고 기복적인 기적을 메시아의 사랑으로 알게 하려는 광야의 유혹을 내려놓아야 합니다. 이만큼 하면 내가 복을 받을 것으로 생각하는 공로주의와 율법주의를 내려놓아야 합니다. 제도와 교회조직이 교회인 줄 알고 안주하는 제도주의도 내려놓아야 합니다. 그 모두를 내려놓고, 예수님의 그윽한 시선과 마주해야 합니다. 참 복음으로 돌아와야 합니다.

§ 새 창조를 위한 금언

나는 예수님을 우리 한가운데에서 발견했습니다. 그분이 그곳에 계셨기 때문입니다. 그분은 우리에게 빛을 비추시어 우리로 하여금 복음을 이해하게 하셨습니다.

– 키아라 루빅

§ 기도

주님,

우리는 모릅니다.

내가 누군지 모릅니다.

예수님 당신이 누군지 모릅니다.

당신이 무엇을 말씀하시는지 모릅니다.

무지를 담아, 겸손한 마음으로 기도합니다.

그러니 알려주십시오. 이 경청으로부터 다시 출발하겠습니다.

침묵의 밤을 지난 후

§ 성경말씀

하나님이 빛을 낮이라 부르시고 어둠을 밤이라 부르시니라 저녁이 되고 아침이 되니 이는 첫째 날이니라 (창세기 1장 5절)

그들이 조반 먹은 후에 예수께서 시몬 베드로에게 이르시되 요한의 아들 시몬아 네가 이 사람들보다 나를 더 사랑하느냐 하시니 이르되 주님 그러하나이다 내가 주님을 사랑하는 줄 주님께서 아시나이다 이르시되 내 어린 양을 먹이라 하시고 (요한복음 21장 15절)

그분이 멈춰 서서 베드로에게 침묵으로 말씀하십니다. 베드로는 지금 목숨을 바쳐서 세상을 사랑한 사람의 아들을 보고 있습니다. 삶에 고통이 찾아오고 믿음이 무엇인지 알 수 없을 때, '과연 이렇게 사는 것이 옳은 것일까?' 하며 회의가 찾아올 때, 기뻐하십시오. 우리는 분명한 하나님의 아들, 사람의 아들을 만나려고 하고 있습니다. 그분께서 멈추어 서서 말씀하십니다. 침묵 가운데 마음 깊이 들으십시오.

예수님 또한 당신의 미래를 정확히 알지는 못하셨습니다. 그분 또한 모르는 길을 침묵과 사랑과 믿음과 순종으로 가셨습니다. 자기가 계획해서 간 길이 아니었습니다. 다만 예수님은 아버지께서 인도하시는 길이 가장 좋은 길임을 믿고 따라갔습니다. 그분께서 인도하시면 두려워할 일이 없음을 믿으면서 따라갔습니다. 그분은 우리를 사랑하시고, 사랑하시고, 끝없이 사랑하시는 아바 아버지라는 것을 믿으면서 따라갔습니다.

주님은 기도하셨을 것입니다. '아버지, 제가 그들을 생각합니다. 저와 그들 사이에, 저의 나라와 그들의 나라 사이에 무슨 일이 일어나고 있는지

정확히는 알지 못합니다. 그러나 모르는 가운데도 사랑으로 이끌려서 순종으로 당신께 드리는 저의 자유를 통해서, 그들에게도 이 사랑이 주어지게 도와주십시오.' 이 사람의 아들이 마침내 사랑과 순종으로 영광을 받아 하나님의 아들로서 하늘로 올라갔습니다. 여러분, 지금까지 믿어왔던 모든 경험과 지식, 느낌은 잠시 뒤로 제쳐놓으십시오. 매일 아침 일어나 침묵하며 그분의 뜻만을 묻고 들으십시오.

침묵의 말씀을 통해 깨달음을 얻은 베드로는 더이상 자신의 말을 하지 않게 되었습니다. 자기의 명예나 정욕이나 돈이나 경험이나 지식 그런 것들이 이제는 주님으로 둔갑하고 나타나지 않을 수 있게 되었습니다. 그 무엇도 예수님과 베드로를 감싸고 있는 사랑을 막을 수 없게 되었습니다. 침묵을 통해 베드로는 사랑할 준비가 되었습니다.

그런 베드로에게 예수님이 물어보십니다. "베드로야 너는 나를 사랑하느냐?" 베드로가 답합니다. "주님, 주님은 '알고' 계십니다. 이제는 제가 아는 것이 다가 아니라는 것을 알게 되었습니다." 이제 베드로는 예수님의 사랑을 안고 그 심중에 예수님을 모시고 생명의 말씀을 들을 수 있었습니다. 이제 그는 시험에 쉽게 빠지지 않게 되었습니다. 자기가 하나님이나 된 듯 사람들이 환호하며 몰려올 때나, 거꾸로 십자가에 매달릴 때에도 한평생 주님의 말씀만을 모시고 살 수 있었습니다. 자신을 스스로 부풀린 채 다니지 않고 인도하시는 대로 따르는 제자가 되었습니다. 자신의 말이 아니라 인도하시는 주님의 말씀을 온전히 말하는 제자가 되었습니다.

이 신비의 말을 드러낼 수 있는 능력이 교회에 있어야 합니다. 이 땅의 모든 교회는 자기의 말을 죽이고 침묵하여 이 영원한 말씀의 신비로움을 드러내야 합니다. 지금도 세상은 이 감추어진 하나님의 얼굴을 만나보고 싶어 합니다. 진실한 하나님의 구원과 사랑의 얼굴을 만나고 싶어 합니다. 이기심에 침묵하고 생명의 사랑을 담은 말씀을 만나고 싶어 합니다. 혈연을 넘은 교회를 만나고 싶어 합니다. 민족을 넘은 교회를 만나고 싶어 합니다. 숨어계신 하나님의 얼굴을 나는 오직 모르겠다는 고백을 하면서 그분의 구원과 사랑을 삶으로 고백하는 사람을 만나고 싶어 합니다.

예수님이 마더 테레사에게 물으셨습니다. "테레사야, 나를 사랑하느냐? 너는 길에 나가서 가난한 사람을 돌보아라!" 그녀는 그 말씀에 구구절절 말을 보태지 않고 침묵했습니다. 그저 자신에게 주신 말씀을 따라 가난한 사람을 돌보는 수도회를 만들었습니다. 때가 이르렀을 때, 다만 그대로 행했습니다. 병든 이들을 위로하고, 물을 주고, 식은땀을 닦아주고, 기도하고, 말씀을 들려주었습니다. 그녀는 그저 믿고, 순종하고, 사랑하는 말씀을 따라 행했을 뿐입니다. 그러자 세상은 감추어진 하나님의 얼굴을 보았습니다. 세상은 그녀를 보면서, 그녀를 통해 하나님께서 길거리를 지나가시는 것을 보았습니다.

하나님께서 마틴 루터킹에게 말씀하셨습니다. "나를 사랑하니? 그렇다면 피부색 때문에 차별받고 고통당하는 흑인들을 위해서 나를 대신해서 살아주렴." 그는 흑인들을 통해 감추어진 하나님의 음성을 들었습니다. 그들을 열정적으로 사랑했고, 총알이 가슴을 구멍 낼 때까지 하나님의 사랑을 담아서 해방의 소식을 전했습니다. 그러자 세상이 그를 통해 하나님의 숨은 얼굴을 보았습니다.

로제 수사는 전쟁의 한복판에서 젊은이들이 방황하는 것을 보았습니다. 로제 수사에게 하나님께서 말씀하셨습니다. "로제야! 나를 사랑하니? 너는 저 젊은이들을 평화의 나에게로 이끌어다오." 그렇게 해서 떼제 공동체가 만들어졌습니다. 그러자 세상이 떼제 공동체를 통해 하나님의 숨은 얼굴을 보았습니다.

마르틴 루터에게 하나님께서 말씀하셨습니다. "루터야, 네가 나를 사랑하니? 그렇다면 빛을 잃은 교회를 다시 한 번 하나님의 말씀으로 돌이키는 일을 해주렴. 오직 의인은 믿음으로 말미암아 살 수 있다는 것을, 오직 이 진리만이 사람들과 교회를 살릴 수 있다는 것을, 그것만이 생명의 길로 회복하는 길이라는 것을 알려 주렴!" 루터는 외쳤습니다. 그러자 세상이 그의 선포와 고백을 통해 숨어있는 하나님의 얼굴을 바라보았습니다.

주님께서는 당신을 사랑하는 이들을 아십니다. 그리스도의 사랑을 갈망하는 이들이 얼마나 주님을 염원하는지 그분께서는 알고 계십니다. 그리고 그들을 사랑하십니다. 그 어떤 것도 이 하나님의 사랑으로부터 우리를 갈라놓을 수 없습니다. 칼이 내 몸을 칠지라도 나를 죽이지 못합니다. 내게 생명의 말씀이 있기 때문입니다. 어떤 죽음도 사랑의 생명을 죽일 수는 없습니다. 이 진리와 사랑이 우리 안에 있습니다. 이 진리와 사랑이 하나님을 알게 하고, 알리게 합니다. 그 거대한 사랑의 강물이 여러분을 덮고, 여러분의 가정을 덮고, 우리의 교회를 덮고, 민족을 덮어서 새로운 복음이 있는 생명의 길이 우리와 한국교회, 이 세상 모두에게 임하기를 축복합니다.

§새 창조를 위한 금언

하나님의 사랑은 궁극적인 공감이며, 우리의 사랑은 그것을 희미하게 반영합니다. 우리는 하나님의 용서, 우리의 안녕을 향한 하나님 자신의 의지인 하나님의 사랑으로 초대받습니다. 이것이 우리를 열어서 세상에 대한 하나님의 사랑을 나누고자 하는 위대한 가능성으로 향하게 합니다.

– 마조리 H. 수하키

§기도

주님,
당신의 온전한 얼굴을 뵙기 원합니다.
우리의 말을 멈추고 당신의 말씀을 듣게 하소서.

폭풍 속의 주님

§ 성경말씀

하나님이 빛을 낮이라 부르시고 어둠을 밤이라 부르시니라 저녁이 되고 아침이 되니 이는 첫째 날이니라 (창세기 1장 5절)

예수께서 깨어 바람을 꾸짖으시며 바다더러 이르시되 잠잠하라 고요하라 하시니 바람이 그치고 아주 잔잔하여지더라 이에 제자들에게 이르시되 어찌하여 이렇게 무서워하느냐 너희가 어찌 믿음이 없느냐 하시니 그들이 심히 두려워하여 서로 말하되 그가 누구이기에 바람과 바다도 순종하는가 하였더라 (마가복음 4장 39-41절)

폭풍이 일어나면 폭풍 한가운데는 언제나 조용합니다. 제자들이 바다에 배를 띄워서 가는데 폭풍이 일어났습니다. 큰바람이 불어서 배가 뒤집어질 것 같으니 난리가 났습니다. 제자들이 소리 질렀습니다. "예수님! 저희가 죽게 생겼어요!" 그때 예수님께서는 무엇을 하고 계셨나요? 주무시고 계셨습니다. 그렇지요. 예수님이 계시지 않는다면 모를까, 예수님이 계시는 한 우리가 두려워할 이유가 없습니다. 반대로, 제자들이 신이 날 때가 있었습니다. 군대 같이 많은 사람이 몰려오고, 병이 나으니까 흥분해서 난리가 났습니다. 그때 예수님은 뭘 하셨나요? 조용히 그냥 기도하며 하나님 안에서 안식하러 가셨습니다. 하나님 안에서 안식함으로써 그분은 당신에게 주어진 비전을 발견했습니다.

하나님께서 창조하신 세계에서 인간은 기계적으로 움직이지 않습니다. 인간에게는 하나님의 형상과 자유의지가 있기 때문입니다. 인간은 그 자유의지를 가지고 창조세계를 쓰레기처럼 만들 수도 있고, 아름다운 낙원으로 만들 수도 있습니다. 자유의지를 지닌 인간이 제일 먼저 한 일은 하나님에 대한 불순종이었습니다. 불순종을 통해 인간은 자신이 자유를 지니고 있음을 확실히 증명했습니다. 그런데 이 불순종으로 온 우주에 쓰레기가 넘치기 시작했습니다. 엔트로피 법칙이 있습니다. 온 우주에 있는 에너지의 총합은 언제나 같은데, 이상하게 인간이 만들어내는 모든 에너지는 가만히 두면 무질서가 계속 생산이 된다는 뜻입니다. 게으름이나 죄, 분노, 시기 등이 그 에너지에 해당합니다. 이런 덩어리들은 가만히 두면 저절로 과잉 생산이 되면서 세계를 더럽히고 무질서하게 만듭니다. 하나님과 떨어진 모든 것, 하나님을 주인으로 모시지 않고하는 모든 것, 본능적 욕망으로 하는 모든 것은 창조계의 균형을 깨뜨립니다.

그러니 우리는 일하기 전에, 가장 먼저 하나님의 품에서 조용히 쉬어야합니다. 사랑이신 아버지 품에 안겨 안식하는 쉼 말입니다. 이러한 쉼가운데 생명은 스스로 운행합니다. 우주의 한편에는 자기가 주인이 되어서 바벨탑을 쌓는 오만과 고집에 빠진 무리가 있습니다. 다른 한편에는 그것을 바라보시며, 가슴이 아프지만 사랑으로 끝까지 새롭게 창조를 만들어 내시는 하나님과 그가 부르신 사람들이 있습니다.

창조가 일어나려면 자기 생각으로 먼저 기획하거나 뛰어다니지 않아야 합니다. 먼저 사람들을 모아 이렇게 저렇게 회의하지 않아야 합니다. 우리는 먼저 어디로 가야 합니까? 하나님의 품입니다. 기도는 그 품에 안기는 것입니다. 거기에 해답이 있습니다. 하나님께서는 당신의 품 안에서 쉬고 안식하는 자를 통해서, 저녁을 즐길 줄 아는 사람들을 통해서 일하십니다. 들을 준비가 된 이들에게 말씀하시고 일하십니다.

온 세상이 자의적으로 아침을 만들어내느라 광분하면서 폭풍을 일으킬 때, 우리는 폭풍의 눈에, 하나님의 품 안에 있어야 합니다. 폭풍의 눈에 있지 않고 가장자리에 있으면 찢기기 마련입니다. 삶이 고달파서 문제 때문에 소리 지르고 악을 쓰며 싸우고 싶을 때, 멈추십시오. '내가 하나님의 품, 그 심장 한가운데 있지 않구나. 내가 가장자리에 있구나. 그래서 슬프고 마음이 찢어지는구나' 라고 생각하십시오.

비전은 보는 것, 우리의 계획이 아니라 그분에게서 오는 것을 보는 것입니다. 주님께서 보시는 눈으로 보는 것입니다. 그분의 품 안에서 잘 듣는 것입니다. 풍랑의 한가운데 있을 때, 그분의 품 안에서 평안한 상태로 밤을 지내면서 안식하며 보고 들으십시오. 유월절이 이집트인들에게는 모든 것을 다 잃는 재앙이었지만, 이스라엘 백성들에게는 보혈의 피로 출애굽 하는 해방의 사건이었습니다. 말라기서 이후의 시대가 인간의 편에서는 하나님께서 침묵하고 부재하시는 것 같았지만, 그분의 편에서는 복음을 태동시키는 준비기였습니다. 우리의 눈에 저녁으로 다가오는 시간이 하나님의 눈에는 새로운 아침을 준비하는 시간으로 보입니다. 새로운 아침이 오고 있습니다. 우리의 시간에 그 하나님의 시간이 늘 작동케 하십시오.

§ 새 창조를 위한 금언

이 고난도 그분의 파도이니, 그 파도를 뚫고 하나님께서 우리를 인도하십니다. 그렇게 약속하셨고, 그분의 사랑이 그렇게 행하십니다. 지키시고 이끄시며, 인도하시고 받쳐 주시며, 당신의 틀림없는 항구로 우리를 끝까지 인도하십니다.

– 애니 존슨 플린트

§ 기도

주님,

풍랑의 한 가운데 있을 때,

그분의 품 안에서 평안한 상태로 밤을 지내면서 안식하며 보게 하소서.

주님의 품 안에서 편히 쉬며 새로운 아침을 준비하게 하소서.

4장

에덴의 동쪽

에덴을 금하다

§ 성경말씀

네가 흙으로 돌아갈 때까지 얼굴에 땀을 흘려야 먹을 것을 먹으리니 네가 그것에서 취함을 입었음이라 너는 흙이니 흙으로 돌아갈 것이니라 하시니라 (창세기 3장 19절)

가인이 여호와 앞을 떠나서 에덴 동쪽 놋 땅에 거주하더니 (창세기 4장 16절)

노벨상 수상 작가인 존 스타인벡의 작품 중에 〈에덴의 동쪽〉이라는 소설이 있습니다. 소설은 캘리포니아 주 샐리나스를 배경으로 아일랜드 이주민인 해밀튼 가와 동부에서 온 트라스크 가, 두 가문의 몇 대에 걸친 역사를 그립니다. 이 소설은 1955년 엘리아 카잔이 영화화해 더 많은 이들에게 알려졌습니다. 이 영화에서 주인공을 맡았던 제임스 딘은 이른바 '20세기의 반항아'로 많은 사람의 기억 속에 각인되었지요. 줄거리를 간단히 줄이자면 한 남자가 군대에서 제대한 뒤, 새롭게 인생을 출발해보겠다는 결심 아래 과거의 삶을 정리하고 고향으로 돌아갑니다. 그는 한 여자를 만나 결혼해 정착하려 하지만, 그녀는 아들 둘을 낳고 집을 나가 버리지요. 그 두 아들은 서로 원수처럼 싸우다 결국 동생으로 인해 형은 죽고, 아버지 또한 충격으로 쓰러지는 것으로 소설은 끝납니다.

'에덴의 동쪽'이라는 제목에서 알 수 있듯이, 이 소설의 모티브는 가인이 동생 아벨을 죽이고 에덴의 동쪽으로 도망쳤다는 창세기 이야기에 그 기원을 두고 있습니다. 행복을 갈망하나 서로 죽이고, 끝내는 파멸에 이르는 것이 인간의 운명임을 스타인벡은 이 이야기에서 발견했던 것입니다. 에덴의 동쪽은 아담과 하와가 에덴동산에서 쫓겨나게 된 곳을 가리키지만, 더 나아가 하나님과 분리되어 하나님 없이 살아가는 인간들의 현주소를 가리킨다고도 볼 수 있습니다. 에덴의 동쪽, 우리가 사는 지금 이곳은 자신이 왕이 되어 살아가고자 하는 갈망으로 가득차 분열과 고통, 절규와 아우성으로 가득합니다. 하나님과 분리된 인간은 인간과 인간의 관계, 인간과 자연의 관계, 인간과 세계의 관계에서도 분열과 고통을 겪기 마련입니다.

에덴은 인간의 바람과 하나님의 바람이 일치된 축복의 공간입니다. 신앙은 하나님에게 이끌려 나 자신을 돌이켜 나의 바람을 하나님의 바람과 일치시키는 것이라 할 수 있습니다. 그리스도인은 자신에게 주어진 자유의지를 하나님의 바람과 일치시켜 지금 여기를 하나님 나라로 만들어갑니다. 아담과 하와는 하나님에게서 벗어나고도 자신의 삶을 아름답게 만들어갈 수 있다고 생각하며, 자신들에게 주어진 자유의지를 그것을 실천하는 데 썼습니다. 이로써 뱀의 길, 악과 죄의 통로가 열렸습니다. 일치와 축복과 소명의 자리에서 벗어난 이들에게 여호와 하나님께서 물으셨습니다. "네가 어디 있느냐?" (창 3:9) 그분께서는 왜 따먹었느냐고

추궁하지 않으시고, 아담과 하와가 어디에 있는지를 물으셨습니다.

마음껏 누리라고 허락받은 생명과가 아닌, 선악과를 먹은 인간은 두려움을 지니게 되었습니다. "벗었으므로 두려워하여 숨었나이다"(창 3:10). 벗은 것은 수치스러울지언정 두려워할 일은 아닙니다. 이 구절은 하나님에게서 벗어나 스스로 삶을 꾸린 사람이 얻게 된 두려움을 보여줍니다. 하나님 앞에 서기 '두려워' 진 것이지요. 이 두려움은 하나님의 말씀을 자신의 방식으로 알아듣고 왜곡하게 합니다. "누가 너의 벗었음을 네게 알렸느냐 내가 네게 먹지 말라 명한 그 나무 열매를 네가 먹었느냐" (창 3:11)는 하나님의 말씀을 아담은 하나님께서 질투하시는 것으로, 추궁하시는 것으로 받아들였습니다. 하나님께서 자유와 선택에 관해 물음을 던지시고 계심을 알아듣지 못했던 것이지요.

이 물음을 회피한 그들은 모든 것을 거저 내어주는 축복의 땅에서 추방당합니다. 자기 욕망의 한계를 모르는 인간에게 영원은 이제 축복이 될수 없습니다. 이사야 64장에는 다음과 같은 표현이 나옵니다. "무릇 우리는 다 부정한 자 같아서 우리의 의는 다 더러운 옷 같으며 우리는 다

잎사귀 같이 시들므로 우리의 죄악이 바람 같이 우리를 몰아가나이다"
(사 64:6). 인간의 자기 의義, 양심, 도덕은 시드는 잎사귀와 같습니다.
제한 없는 욕망의 화신이 된 인간을 다시금 살리기 위해 하나님께서는
십자가 없는 에덴을 금하셨습니다.

이제 인간은 에덴의 동쪽으로 쫓겨나 스스로 짐을 지고 살아갑니다. 아
담은 땀 흘려 흙을 파 일구고 농사를 지으나 땅은 이제 순순히 열매를
허락하지 않습니다. 하와는 고통스럽게 임신하고 남편을 그리워합니다.
마리아와 요셉의 관계에서 이 잘못된 관계가 끊어지기까지 인간이 택한
저주의 고리는 계속되었습니다. 하지만 하나님께서는 사랑의 가능성을
언제나 열어두고 계십니다. 에덴의 동쪽에 있다 할지라도 나뭇잎으로 자
기를 가리며, 자신을 스스로 자랑하며, 더 강해지려 하는 이들이 있는
가 하면 자신의 허물을 돌아보고, 자신을 부끄러워하며, 자신이 떠나왔
던 그곳으로 돌아가 아버지께서 손수 만들어주신 가죽옷을 입기를 갈
망하는 이들이 있습니다. 이들이 겸손을 담아 "사람이 무엇이기에 주께
서 그를 생각하시며 인자가 무엇이기에 주께서 그를 돌보시나이까"(시편
8:4)라고 외치며 당신과의 관계 회복을 소망할 때 하나님께서는 당신의

사랑을 보여주십니다. 우리의 일상을 새로이 보게 해주십니다.

십자가에 대한 신뢰와 소망으로 우리는 해산의 고통과 노동의 짐 가운데에서도 에덴의 기쁨을 회복합니다. 이 기쁨을 맛본다면 우리가 더 이상 이곳에서 겪는 모든 일을 고통스럽고, 수고로운 일로 여기지 않을 것입니다. 베네딕트는 "기도하고 일하라"고 말하면서 노동을 모든 부질없는 것들로부터 해방되는 길이라고 보았습니다. 하나님의 사랑 안에서는 노동도, 생명을 낳는 수고도 새로운 차원에 올라서게 됩니다.

> 그대들은 일을 함으로 대지와 대지의 영혼에 발걸음을
> 맞추어 갈 수 있으리라.
> 일을 게을리 하는 것은 철부지가 되는 것이고,
> 영원을 향해 나아가는 장엄하고 당당한 삶의 행렬에서
> 벗어나는 것이다.
> 그대들은 일을 할 때 피리와 같으니
> 시간의 속삭임이 그대들을 통해 음악으로 변하여 울려나리라.
> 모두가 한소리에 맞추어 연주할 때에
> 그대들 가운데 누가 아무런 소리도 내지 못하는 갈대 피리가
> 되기를 원하는가?

그대들은 항상 일은 저주이고 노동은 불행하다고 들어 왔다.

그러나 나는 말한다.

그대들이 일을 할 때 그대들은 대지의 가장 깊은 꿈의 일부가

되어가고 있는 것이다.

그 꿈은 처음 있었을 때부터 그대들의 몫으로 주어진 것이다.

그리고 그대들은 일을 계속하는 동안

삶을 진정으로 사랑할 수 있으니

일을 통해 삶을 사랑하는 것이 삶의 가장 깊은 비밀과 친숙해지는

것이리라.

그러나 만일 그대들이 괴로워서 세상에 태어남을 고통이라 부르고

생계를 위해 일하는 것을 이마에 새겨진 저주라 한다면,

나는 그대들 이마의 땀방울만이 그곳에 새겨진 저주를 씻어줄 거

라고 대답하리라.

                                            – 칼릴 지브란, '예언자'

§ 새 창조를 위한 금언

순종이란 더 많은 자유를 의미하지, 더 적은 자유를 의미하지 않습니다. 순종함으로써 우리는 반복되는 선택의 짐을 덜며, 하나님께서 하시는 무한한 활동의 도구가 됨으로써 실질적인 행동의 힘을 기릅니다. 전체 교회가 그분께 순종할 때 교회는 세상을 변혁하고 소명을 성취하는 힘을 지닌 '영원한 나라에 이끌리는 영혼들이 이루는 우정의 공동체' 가 될 것입니다.

ㅡ 이블린 언더힐

§ 기도

주님,

에덴의 동쪽에 살지만 에덴을 그리워하는 삶이 되게 하소서.

가죽옷을 입고 늘 당신 앞에 대면하게 하시고

에덴에서 흘러나오는 강물 속에 살게 하시고

기도를 통해 생명을 낳는 기쁨과 노동의 신성을 회복하게 하소서.

심판이 축복이라니

§ 성경말씀

또 여자에게 이르시되 내가 네게 임신하는 고통을 크게 더하리니 네가 수고하고 자식을 낳을 것이며 너는 남편을 원하고 남편은 너를 다스릴 것이니라 하시고 아담에게 이르시되 네가 네 아내의 말을 듣고 내가 네게 먹지 말라 한 나무의 열매를 먹었은즉 땅은 너로 말미암아 저주를 받고 너는 네 평생에 수고하여야 그 소산을 먹으리라 땅이 네게 가시덤불과 엉겅퀴를 낼 것이라 네가 먹을 것은 밭의 채소인즉 네가 흙으로 돌아갈 때까지 얼굴에 땀을 흘려야 먹을 것을 먹으리니 네가 그것에서 취함을 입었음이라 너는 흙이니 흙으로 돌아갈 것이니라 하시니라 (창세기 3장 16~19절)

인간이 하나님 앞에서 관계를 설정할 때, 또 선악과의 문제를 생각할 때 가장 중요한 화두는 자유와 책임의 문제입니다. 힘겹고 고통스러운 일들은 삶을 돌이켜 볼 기회를 줍니다. 그때 우리는 선악과의 문제, 즉 자유와 선택 앞에 서게 됩니다. 우리는 자유를 가지고 있고 거기에 걸맞은 책임을 져야 합니다. 이것이 하나님께서 우리에게 주신 특권입니다. 자유만 있고 책임이 없는 것은 사람에게 주어진 특권이 아닙니다. 우리는 무엇이든지 할 수 있고 무엇이든지 선택할 수 있지만, 그것이 어떤 결과를 일으킬지를 알고 책임져야 합니다. 하나님께서는 우리에게 자유를 주셨고 어떤 경우에도 우리를 강제하지 않으십니다. 하나님께서 인간에게 무엇인가를 제안하시거나 도전을 주실 수 있고, 마귀 또한 우리를 유혹할 수 있으나 그 무엇도 하나님의 형상인, 그래서 자유로운 인간을 강제하지는 않습니다. 자유는 인간성의 본질이고 사역의 출발선이기도 합니다. 억압이 이루어지는 곳, 소외된 곳, 자유를 가지고 행동할 수 없는 상황을 만나면 우리는 먼저 자유를 누릴 수 있는 여건을 만들어야 합니다.

하나님께서는 공정하게 심판하십니다. 남을 탓하지 말고, 환경을 탓하지 말고 자신을 스스로 돌이켜서 하나님 앞에 서십시오. 문제를 딛고 일어설 수 있는 실마리가 잡힐 것입니다. 그 실마리를 잡을 수 있는 지혜가 우리 안에 이미 자리하고 있음을 깨닫게 될 것입니다. 자신이 고통을 느낀다면, 그 고통의 핵으로 들어가 그 고통을 일으키는 자신 안의 씨앗을 발견하고 이를 반복하지 않도록 자기 자신을 다듬으십시오. 이럴 때 고통은 예수 그리스도의 십자가 사건이 그랬듯이 창조적인 회복으로 갈 수 있는 징검다리가 될 것입니다.

선악과 사건에 대한 심판으로 하나님께서는 하와에게 출산의 고통을 벌로 주셨습니다. 아담에게는 노동이라는 벌을 주셨습니다. 육체적으로나 영적으로 생명을 낳는 것은 고통스럽습니다. 노동 역시 마찬가지입니다. 하지만 노동과 출산은 그 과정의 끄트머리에서 새로운 생명, 결실이 나온다는 공통점이 있습니다. 넓은 차원에서 고통은 하나님께서 우리를 훈련시키고 연단시키는 계기입니다. 하루 먹을거리를 채우기 위한 고된 일과를, 생명을 낳는 활동을 자신의 십자가로 알고 그것을 하나님께 올려드리면서 헌신하면 풍요로운 생명이 나올 것입니다. 그러한 차원에서 심판과 저주는 숙명이 아닙니다. 좀 더 정확히 말하면 심판은 심판으로 끝나지 않고, 저주는 저주에서 끝나지 않을 수 있습니다.

심판과 저주는 인간이 선택한 것의 결과이지만 여기에 예수 그리스도의 십자가가 발하는 빛이 비치면 이는 축복의 계기가 될 수 있습니다. 생명을 낳는 고통은 산모에게 또 다른 생명을 낳는 축복의 통로입니다. 일하는 힘겨움의 끝에는 그 일에 값하는 결실이라는 축복이 그를 기다리고 있습니다. 하나님께서는 이를 약속하셨습니다. 누군가를 지배하려 하고, 지배당했을 때 그 사이로, 끊임없이 그 약속을 우리에게 알리십니다. 하나님 앞에 자신을 정직하게 드러내고 그분의 음성에 온전히 귀 기울일 때 우리는 다른 누구에게도 지배받지 않고 지배하지 않습니다. 누군가에게 구속되지도 않고, 누군가를 구속하지도 않습니다. 성령의 인도 아래 자유로움 가운데서 하나님의 음성에 귀 기울이십시오.

땀 흘려 무언가를 하고, 그 일을 책임지는 활동을 자신의 십자가로 깨닫고 이것이 하나님께로 가는 축복의 순례임을 알고 담담하게 걸어가십시오. 그리고 예수 그리스도의 십자가를 바라보십시오. 자신의 삶에 십자가를 놓느냐, 놓지 않느냐에 따라 우리의 삶은 축복으로 여겨질 수도,

저주로 여겨질 수도 있습니다. 하나님께서는 예수 그리스도의 십자가를 통해서 모든 저주를 축복으로 옮기는 길을 열어 놓으셨습니다. 그리고 그 길을 걸어가라고 성령을 통해 말씀하고 계십니다. 자신에게 주어진 십자가를 지고 주님 앞에 나아갈 때, 모든 고통을 가장 좋은 것으로 바꾸어 주시는 축복이 이루어질 것입니다.

그리스도인인 우리는 영적인 출산과 노동의 소명을 가지고 있습니다. 남자이든지 여자이든지 자기에게 맡겨주신 영혼을 낳기 위해서 산고의 고통을 치러야 합니다. 또한, 각자에게 맞는 노동을 해야 합니다. 땀 흘리며 애써야 합니다. 출산을 방해하고, 노동에 반하는 역사와 땅의 저주에 맞서야 합니다. 출산을 통해서, 노동을 통해서 하나님의 역사가 바르게 일어나도록 해야 합니다. 자유를 가지고 어떤 삶을 선택해 살고 있는지, 그 선택으로 나온 결실은 무엇인지를 끊임없이 살피고, 이에 대해 겸손하게 책임져야 합니다. 그리스도인 한 사람 한 사람이 이 소명의 길을 부단히 걸어갈 때 한 사람 한 사람에게 일어나는 고통스러운 일, 이 세계에서 일어나는 불행한 일들은 끝끝내 역설적으로 모든 이가 축복을 받는 비밀의 통로가 될 것입니다.

§ 새 창조를 위한 금언

나무에 나뭇잎이 무성하지 않은 때는 겨울입니다. 하지만 그 앙상한 나뭇가지들 덕분에 우리는 숲의 더 깊은 곳을 볼 수 있습니다. 거기서 우리는 은혜로운 하나님의 신비를 봅니다.

– 엘리자베스 존슨

§ 기도

주님,
노동과 출산의 고통이 십자가 안에서 축복이 되게 하소서.
당신의 뜻을 따라서 새로운 생명을 낳는 수고와 아픔을
감당하게 하소서.

최초의 살인자

---

§ 성경말씀

가인이 그의 아우 아벨에게 말하고 그들이 들에 있을 때에 가인이 그의 아우 아벨을 쳐죽이니라 여호와께서 가인에게 이르시되 네 아우 아벨이 어디 있느냐 그가 이르되 내가 알지 못하나이다 내가 내 아우를 지키는 자니이까 (창세기 4장 8-9절)

여호와께서 그에게 이르시되 그렇지 아니하다 가인을 죽이는 자는 벌을 칠 배나 받으리라 하시고 가인에게 표를 주사 그를 만나는 모든 사람에게서 죽임을 면하게 하시니라 (창세기 4장 15절)

창세기 1장 26절은 하나님께서 사람을 만드셨다고 증언합니다. 하나님께서는 창조의 주재자이십니다. "우리가, 우리의 형상을 따라 우리의 모습대로 사람을 만들자." 스스로 계신 분, 자기 안에서 자족하신 삼위일체 하나님께서 사랑에 찬 결단으로 인간을 창조하셨습니다. 이 창조는 독백어린 결심이었습니다. 사랑의 결단이었습니다. 이것은 앞으로도 하나님이 인간들과 끊임없는 언약을 맺으면서 매번 다시금 해야 하는 뼈저린 결단이었습니다. 기억하십시오. 사랑은 감정이나, 낭만으로 가득 찬 행위가 아니라 의지이자 열정으로 가득 찬 결단입니다. 그리스도인은 이 열정으로 가득 찬 하나님의 사랑을 기억함으로써 그분에게 돌아갑니다.

창조의 매 순간들에 하나님께서 펼치시는 사랑이 묻어납니다. 시간과 공간, 해와 달, 동식물 모두 인간이 다스리고 누리도록 당신께서 주신 선물입니다. 여섯째 날 사람을 창조하시고 나서 하나님께서는 좋다고 말씀하셨습니다. 인간이 당신의 선물을 누리고 행복하게 찬양하며 살 것을 생각하시니 좋으셨던 것입니다. 사람을 창조하시고 일곱째 날에 하나님께서는 안식하셨습니다. 창조의 정점에 사람을 놓으시고, 하나님께서는 안식하셨습니다.

모든 피조계의 창조와 하나님의 안식 사이에 사람이 창조되었습니다. 사람은 태어나 '하나님께서 자신들을 위해 해 놓으신 일'을 바라봅니다. 하나님께서 창조하신 세계와 피조물들을 바라보고 찬양하고, 복을 받고, 번성하고 다스릴 수 있는 권리 또한 사람에게 주어졌습니다. 그리고 '안식일'을 맞이합니다. 사람이 가장 먼저 하는 일은 '하나님과 함께 기뻐하고 그 속에서 안식하는 일'이었던 것입니다. 이것이 그분이 우리에게 원하는 것이었습니다. 청빈은 박탈이나 가난이 아니라 이미 있는 것들을 누리는 것입니다. 그분이 창조하시고 그렇게 행복하셨던 자연, 사람, 생명, 환경들을 그분이 보셨던 그 눈으로 보면서 누리는 것입니다.

이 누림, 자족함, 하나님의 사랑에 대한 신뢰가 사라졌을 때 최초의 살인이 일어났습니다. 가인은 하나님의 축복을 당연히 자신이 받아야 한다고 생각했습니다. '자신이 재물을 바쳤으니 축복을 당연히 받아야 한다'는 인과율이 은총에 대한 감사보다 앞서니 형제가 누리는 축복을 받아들이지 못했고, 이것이 살인으로까지 이어진 것입니다. 그는 하나님의 은총보다 장자의 권리를 앞세웠습니다. 가인에게 있어서 하나님의 판단은 자신의 존재의미를 근본부터 흔드는 것이었습니다. 그의 존재기반이 하나님이 아니라, 자신의 권리라는 것은 가인의 길을 택하는 이들에게 매우 중요한 경종의 의미를 가집니다. 가인은 장자의 당연한 권리에도 불구하고 자신이 왜 하나님의 은총을 상실하게 되었는지 이해할 수 없었습니다. 하나님의 판단보다 자기의 장자권에 기반을 둔 판단이 더 옳다고 느꼈던 것이지요. 결국 가인이 아벨을 죽인 것은, 곧 아벨의 제사를 받은 하나님께 저항하는 행위였고, 축복의 원리를 거스르는 것이자 하나님의 심판과 주권에 대한 도전이었습니다.

뱀의 길을 받아들인 가인은 이제 두 목소리를 동시에 듣게 되었습니다. "억울함과 분노를 다스려라. 기다려라"는 하나님의 음성과 "불공평해. 이렇게 불공평한 하나님의 처사를 받느니 차라리 하나님의 관계를 끊어버리는 게 나아"라는 라비숨의 음성이 그의 귀를 동시에 울립니다. 그때까지만 해도 가인은 자신의 자유의지를 지니고 둘 중 하나를 선택할 수 있었습니다. 하지만 가인은 아벨을 죽임으로써 하나님의 음성을 무시한 채, 하나님께서 자신에게 내려준 소명의 자리를 벗어납니다.

"네 아우가 어디 있느냐?"

그러자 가인은 대답합니다.

"내가 아벨을 지키는 자이니까?"

하나님께서 정해준 자리는 야심만만한 가인의 마음에 차지 않았습니다. "내 정체성이 겨우 그겁니까? 저에게 겨우 양치기 목동의 경호원이나 되는 그런 권한이나 주었습니까? 제가 겨우 그런 일이나 할 사람으로 보이십니까?" 그러나 기억하세요. 하나님께서는 제물 자체보다 '가인과 그 제물', 즉 가인의 제사 드리는 태도와 동기를 받지 않으셨다는 것입니다. 아벨은 양 떼 중 맏배의 기름기를 드렸다고 기록되어있습니다. 즉, 아벨은 제사를 드리기 전 어느 것이 그분께 드리기에 합당할까를 고민하고 기도했다는 것입니다. 반면 가인은 단순히 땅의 소산을 드렸다고 기록되어 있습니다. 하나님께서는 존재와 중심을 보시기에 아벨의 제사를 받으셨던 것입니다.

가인은 아벨을 죽이고, 하나님의 의지를 무시한 채 죽음과 심판마저 거부합니다. 가인의 죄는 주어진 것에 감사하고 이를 사랑으로 나누지 않은 것, 신뢰를 바탕으로 자신을 스스로 돌아보지 않은 것에 있습니다. 뒤이은 가인의 계보는 에덴의 동쪽에 살아가는 인간들의 역사로 이어집니다. 이후 인간들은 폭력과 살인으로 얼룩진 도시문명을 만들어 갑니다.

그런 가인에게 하나님께서는 "나는 너의 죄로 네 미래를 발목 잡지 않겠다"라고 말씀하셨습니다. 그리고 그에게 표식을 달아주심으로써 예수 그리스도가 보여준 용서의 근원을 보여주셨습니다. 하나님께서는 끊임없이 용서하십니다. 죄를 들여와 이미 죽은 자의 어미가 된 하와를 '산자의 어미'라고 부르도록 하십니다. 그 하와의 후손들을 생명 회복의 약속으로 이끄십니다. 그분께서는 "일곱 번의 일흔 번이라도 용서하라"(마 18:22)고 말씀하시고 폭력의 구조, 폭력의 악순환을 끊어내시며 용서하심으로써 사랑의 세계로 사람들을 부르십니다.

오늘날에도 가인은 곳곳에 있습니다. 우리 마음 안에도 가인이 자리 잡고 있습니다. 우리가 받은 소명을 벗어나, 하나님의 사랑을 악용해 보호받고 동시에 권능을 획득하려 할 때가 그러합니다. 이렇게 우리 마음 안에 있는 가인이 활개치게 내버려둔다면 그 길의 끝에는 멸망만이 있을 뿐입니다. 최초의 살인이 하나님께서 정해주신 자리와 자신의 정체성에 대한 불만에서 비롯되었음을 기억하십시오. 자신의 자리에 대한 느낌을 다시 돌아보십시오. "아담아 네가 어디 있느냐?", "너의 형제가 어디 있느냐?" 는 하나님의 물음을 항상 간직하십시오.

§ 새 창조를 위한 금언

사람은 신성한 동기에서 겸손해져야 합니다. 하나님의 사랑으로 겸손하고 온화해지는 것은 아름답습니다. 빵과 버터 때문에 겸손하고 온화해지는 것은 무서운 일입니다. 진정한 변화란 오직 하나님의 사랑에서, 하나님의 사랑을 통해서, 서로 간의 사랑에서 우러나오는 것입니다.

– 도로시 데이

§ 기도

주님,

비폭력주의와 용서를 생각합니다.

생명 존중과 제게 주신 소명자리의 신성을 생각합니다.

폭력의 기원을 깨달아 새로운 질서가 생기게 하시고

용서와 지혜와 사랑이 충만하게 하소서.

바벨탑의 꿈

§ 성경말씀

서로 말하되 자, 벽돌을 만들어 견고히 굽자 하고 이에 벽돌로 돌을 대신하며 역청으로 진흙을 대신하고 또 말하되 자, 성읍과 탑을 건설하여 그 탑 꼭대기를 하늘에 닿게 하여 우리 이름을 내고 온 지면에 흩어짐을 면하자 하였더니 (창세기 11장 3-4절)

여호와께서 거기서 그들을 온 지면에 흩으셨으므로 그들이 그 도시를 건설하기를 그쳤더라 그러므로 그 이름을 바벨이라 하니 이는 여호와께서 거기서 온 땅의 언어를 혼잡하게 하셨음이니라 여호와께서 거기서 그들을 온 지면에 흩으셨더라 (창세기 11장 8-9절)

언어는 존재의 집입니다. 타락 전, 에덴에서 하나님과 인간과 자연이 하나였을 때 인간은 언어를 통해 창조놀이를 누렸습니다. 인간은 모든 것을 하나님과 함께 누렸고, 해석했으며, 하나님의 뜻과 자연을 이었습니다. 아담은 동물들에게 이름을 지어주었습니다. 하나님께서 보시니 참 좋았던 그 세상, 인간에게 선물로 주어진 세상에 대한 응답으로써 아담은 피조세계에 이름을 붙였습니다. 그분과 함께, 그분이 이미 주신 것을 가지고 말입니다.

처음에는 간단한 단어부터 시작했습니다. 자기 앞에 놓인 붉은빛 식물, 아름다움과 정열이 동시에 느껴지는 꽃을 그는 '장미' 라고 불렀습니다. 하나님이 내 삶에 주신 장미! 당신의 사랑 안에서 내가 이름 붙인 장미! 그러자 온 세상에 생겨날 언어의 잠재성들이 하나님의 영과 함께 외쳤습니다. Rose, バラ; ローズ, Méigui, Hoa hồng, Gül…! 분명한 것은 아담이 그 장미를 하나님의 은총의 선물인 것을 인정하고 누릴 줄 알았다는 것입니다. 가시만 없었어도 참 좋았을 것을…. 그런 탄식과 불평이 없었습니다. 의식이 성숙해짐으로써, 풍요로운 관계의 그물망을 지각하자 그의 언어는 더욱 풍요로워졌습니다. 그러다가 자신과 유사한 또 다른 하

나님의 형상을 만나자 그는 그 존재를 '여자'라고 부르고 무수한 언어를 담아 그 기쁨을 표현했습니다. "당신은 내 뼈 중의 뼈이고, 살 중의 살입니다. 당신은 저의 분신입니다."

이 해석의 과정이 틀어지기 시작하면서 타락은 시작되었습니다. 창세기 11장에 있는 바벨탑 이야기는 인간이 지닌 언어가 어떻게 악용되는지를 보여줍니다. 이 이야기가 함축하는 바를 좀 더 잘 살피기 위해서는 바벨탑 이야기 바로 전에 등장하는 10장을 살펴봐야 합니다. 10장에서 하나님께서는 노아의 가족을 세우셔서 방주를 만드시고 홍수를 통해 온 세상 사람들을 심판하십니다. 그리고 난 뒤 새로운 언약을 세우시지요. 11장은 이 10장의 상황 안에서 이루어지는 이야기입니다. 노아는 하나님의 말씀을 신뢰하여 방주를 만들었지만, 사람들은 다시는 심판하지 않으리라는 말씀을 의심하여 합의하고 바벨탑을 세웁니다. 이 바벨탑은 오늘날 사람이 떠올리는 그런 탑이 아니라 성곽, 일종의 주거 공간으로 생각해야 온당합니다. 바벨탑 건설에는 하나님께서 무지개를 통해서 보여주셨던 약속, 이제는 심판하지 않겠다는 언약에 대한 불신이 깔려 있습니다.

3절에 보니, "서로 말하되" 라고 기록되어 있습니다. 성을 건축하는 과정에 "하나님께서 말씀하시되" 라는 구절은 전혀 나오지 않습니다. 창세기 1장에 매번 나왔던 "하나님이 말씀하시되" 라는 표현은 여기에 없습니다. 이는 하나님과 세계를 잇는 언어가 하나님 없이 사람들끼리만 소통하는 도구가 되었음을 시사합니다. 바벨탑은 단순히 돌을 쌓아서 만들어지지 않고, 시날 광야에 산재해 있던 역청을 사용하면서 물이 스며들지 않도록 흙을 구어 만든 벽돌로 만들어졌습니다. 처음은 두려움으로 시작했지만, 기술이 발전하면서 각자의 욕망이 생기기 시작했습니다. 하나님께서 설사 물로 심판하시려 해도 견고하게 버틸 수 있는 성을 만들어 대적하고자 했던 것입니다. 이 성이 윤곽을 보이자 사람들은 우쭐해졌습니다. 언어를 도구 삼아 서로 뭉치고, 서로의 욕망을 합쳐 바벨탑이라는 거대한 문명을 세웠습니다. 이 바벨탑은 오늘날 문명의 기원입니다. 바벨탑 이야기에서 알 수 있듯 오늘날 문명은 두려움과 욕망, 교만에 그 뿌리를 두고 있습니다.

인간들이 바벨탑을 쌓는 모습을 보며 하나님께서 말씀하셨습니다. "이 무리가 한 족속이요 언어도 하나이므로 이같이 시작하였으니 이후로는 그 하고자 하는 일을 막을 수 없으리로다." 마음이 비틀어진 인간은 이 말씀을 하나님이 인간을 시기라도 하는 양 착각합니다. 그러나 여기에는 "대체 이 자기 제한 없는 인간들이 어떠한 결과를 만들어내려고 그럴까?"라는 그분의 안타까운 사랑이 담겨있습니다. 바벨탑의 건설은 중단되었지만, 또 다른 바벨탑을 만들려는 인간의 노력은 도시제국의 번성으로 이어졌습니다. 이 와중에 수 없이 많은 사람들이 죽었습니다. 모두가 피 흘리며 누군가를 지배하거나, 지배당해야만 유지될 수 있는 사회가 들어섰습니다.

이는 문명, 도시가 무조건 나쁘다고 말하는 것이 아닙니다. 초점은 이 문명이 하나님에게서 벗어나 자신의 능력을 앞세운다면, 그러한 방식으로 인간의 힘을 모은다면 결국 파괴적인 결과를 낳는다는 것에 있습니다. 오늘날 '소통'이 중요하다고 말하지만, 그것이 하나님과의 소통을 전제하지 않는다면 또 다른 바벨탑의 건설을 부추길 뿐입니다. 하나님을 도외시한 채, 하나님과의 소통을 멈추고 우리에게 주어져 있는 이기利器들을 제한 없는 욕망과 결합하여 사용할 때 삶은 반드시 파괴될 것입니다. 스스로 경계를 계속 만들어 내는 수행을 하지 않는다면 결국 인류 역사는 멸망으로 가게 될 것입니다.

하나님의 구원사는 인간끼리 서로 주거니 받거니 하면서 욕심이 맞아 떨어져서 이루어지는 것이 아닙니다. 한 사람 한 사람이 하나님의 뜻을 받아들여 주어진 삶에서 이를 실천해나감으로써 구원의 역사는 이루어 집니다. 하나님 앞에서, 하나님과 더불어 산다는 것은 끊임없이 자기 제한의 경계를 세우는 것을 의미합니다. 경계를 벗어나 우리가 바라는 방식으로 나아가려 할 때 하나님께서는 안타까움을 담아 끊임없이 말씀하십니다. "더 이상은 안 돼! 멈춰!" 그 신호가 느껴질 때 우리는 지금까지 하던 방식을 다시 돌이켜 보아야 합니다. 멈추어야 합니다.

§ 새 창조를 위한 금언

기도할 때 우리는 존재하는 만물의 창조자이자 구원자의 관점에서 깨닫기 시작합니다. 그리고 전체 사물 체계 안에서 우리가 누구인지를 알게됩니다. 더 이상 우리가 중심이 아닙니다. 우리는 하나님이 중심이라는 것을 압니다.

– 샐리 맥페이그

§ 기도

주님,

저희들의 일이 누구로부터 시작됐는지 돌아보게 하옵소서.

당신으로부터 시작되지 않은 모든 것을 다 흩어 주십시오. 그것이 잠깐 우리에게 아픔이 되는 것 같겠지만, 모래 위에 세운 집을 무너뜨리고 반석 위에 집을 세우기 원합니다. 우리의 꿈을 다시 세워 바벨탑의 꿈에서 하나님의 꿈으로 바꾸어 주옵소서.

방주와 하나님 나라

§ 성경말씀

여호와께서 노아에게 이르시되 너와 네 온 집은 방주로 들어가라

이 세대에서 네가 내 앞에 의로움을 내가 보았음이니라

(창세기 7장 1절)

노아의 방주는 다른 건물과는 다른 특이한 구조와 사명을 가지고 있었습니다. 방주는 심판을 의미하며 그 심판에서 보호받은 이들의 의무와 책임을 알려 줍니다. 흔히들 교회를 타락한 세상 속에서 방주 역할을 하는 공간으로 묘사하곤 합니다. 하지만 현실 속에서 교회는 그런 기능을 하지 못하는 경우가 많습니다. 이는 사회적인 시선에서 교회가 제 몫을 하고 있지 못한다는 측면도 있겠지만, 무엇보다도 방주의 역할, 심판받는 이 세상에서 예수 그리스도의 보혈을 통해 구원받은 백성을 훈련시키고 성장케 하는데 교회가 충실하지 못하고 있기 때문입니다. 방주는 방주의 역할에 충실해야 합니다. 방주를 향한 밖의 사람들의 시선을 의식하기보다는 방주 본연의 문제의식에 충실하고, 이를 붙잡고 헌신해야 합니다. 바깥을 자꾸 바라보면 자신의 문제를 생각할 수 없습니다. 자신의 문제에 집중하여 비늘을 벗겨 내고 들보가 빠지면, 그리하여 자신다운 자신, 교회다운 교회가 되면 그것이 자연스럽게 바깥에 드러나기 마련입니다. 내 문제부터 생각하여 비늘이 벗겨지고 들보가 빠지고 나면 바깥은 잘 보이게 됩니다.

방주 안에서, 교회 안에서 우리는 온 세상의 죄와 남의 죄를 근심하기 이전에 자기 자신의 내면의 음성에 귀 기울이고 이 음성을 통해 우리 자신의 흐릿해진 눈을 씻어낸 뒤 자신의 들보를 빼야 합니다. 자기 안에서 썩어 사라질 것들과 살아남아 치유되고 거듭나야 할 부분을 식별해야 합니다. 이 돌이킴의 과정에서 하나님 앞에 정직하게 설 수 있을 때 우리는 우리를 괴롭히는 문제로부터 벗어날 수 있게 됩니다. 우리 안에 있는 의인과 그 가족은 누구입니까? 이것을 발견해야 합니다. 그것이 하나님께서 한 사람 한 사람에게 주신 소명의 자리입니다. 이것이 발견되어야 합니다. 그리고 그 외 나머지 모든 것은 죽어야 합니다.

그리하여 노아가 심판받지 않고 새로운 인류를 만들어 내는 첫 조상이 되었듯 우리 한 사람 한 사람은 새로운 인류가 되어 하나님의 역사에 동참해야 합니다. 내 안에 새로운 하나님 나라가 건설되어야만 밖으로 하나님 나라를 건설할 수 있습니다. 새로운 하나님의 나라가 우리 안에 펼쳐지려는 내면의 움직임을 붙잡으십시오. 그리고 이를 바탕으로 자신을 비워나가십시오. 적잖은 사람들이 자신을 어떻게든 부풀리려 하고, 끊임없이 채우려 애씁니다. 하지만 온전히 채워지기 위해서는, 새로운 방식으로 채워지기 위해서는 하나님께서 주신 그 자리를 중심으로 삼아 자기 자신을 비워야 합니다. 이렇게 자기 자신을 비워나가는 사람들, 마음의 중심에 하나님을 둔 사람들에게는 힘이 있습니다. 그 힘은 부풀어 오른 이들을 부끄럽게 하고, 약한 이들을 치유합니다. 그 힘과 더불어 움직이십시오, 자기 자신을 버려 나가십시오. 교회라는 방주에서 그러한 사람이 되기를 소망하십시오.

하나님의 명령을 받은 노아가 방주를 지을 때 누구도 그를 지지하지 않았습니다. 지지하기는커녕 방주를 만드는 노아를 조소했습니다. 의심과 비웃음은 100년 이상 지속되었습니다. 그러나 노아는 자신의 자리에 충실했습니다. 자신이 그때까지 경험으로 알았던 것, 직관, 들끓어 오르는 감정들을 내려놓고, 방주를 지으라는 말씀 하나를 붙잡고 헌신하여 방주를 완성했습니다.

그렇게 완성된 방주는 기이한 모습을 지녔습니다. 창은 천장에 뚜껑처럼 나 있고, 문은 한 개만 있는, 흡사 창고와도 같은 모습을 지니고 있었습니다. 왜 그러한 모습을 지녔을까요? 창이 위로만 나 있는 이유는 세상 주변 풍경에 휩쓸리지 않고 오로지 위만 바라보아야 하기 때문입니다. 교회라는 방주에서 훈련받는 우리 역시 방주에서 살았던 노아와 노아의 가족들처럼 교회에서 훈련받아야 합니다. 방주는 다름 아닌 하나님의 새로운 조직 체제, 평화의 하나님 나라가 구현되는 곳입니다. 그곳은 심판의 때에 우리의 내면을 훈련시키고 성장시키는 곳입니다. 교회는 그러한 방식으로 교회를 찾는 이들을 인도해야 합니다. 우리는 그러한 마음으로 교회를 찾아야 합니다. 삶이 힘들고 어렵고 고통스럽고 답답할 때, 모든 것이 막힌 것 같을 때 방주로 들어가 다른 풍경을 향한 시선은 거두고, 위로 나 있는 창을 통해 보이는 하늘로 우리의 시선을 고정해야 합니다. 그러면 방주 안에서 죽어야 할 옛 자아는 죽고, 하늘의 빛을 받는 창조적 자아는 예수 그리스도의 십자가를 통해 내려오는 빛과 함께 펼쳐지는 하나님 나라를 경험하게 될 것입니다. 생명의 빵을 먹고, 생명수를 마시며, 하나님의 숨결과 함께 숨 쉬게 될 것입니다.

§ 새 창조를 위한 금언

교회는 단순히 개인적인 경건함이나 윤리적인 삶을 증진시키는 기구가 아닙니다. 처음부터 끝까지 교회는 세상을 향한 하나님의 약속을 증명하는 신성한 곳입니다. 우리의 죄에도 불구하고 하나님의 선물이 끊임없이 모두에게 전달됨을 세상에 알리는 모임입니다.

– 엘리자베스 존슨

§ 기도

주님,
우리 안에 죽어 없어져야 할 것들이 죽게 하시고
새로운 자아로 당신의 방주에 들어가게 하소서.
교회가 진정한 방주의 역할을 할 수 있도록 변화시켜 주소서.
당신의 방주 안에서 빛과 생명의 나라를 경험하고 성장하게 하소서.

술 취한 노아

§ **성경말씀**

방주에서 나온 노아의 아들들은 셈과 함과 야벳이며 함은 가나안의 아버지라 노아의 이 세 아들로부터 사람들이 온 땅에 퍼지니라 노아가 농사를 시작하여 포도나무를 심었더니 포도주를 마시고 취하여 그 장막 안에서 벌거벗은지라 (창세기 9장 18-21절)

시스티나 성당에 있는 미켈란젤로의 천지 창조 천장화에는 '술 취한 노아' 장면이 있습니다. 창세기를 따르자면 벽화 순서상 맨 마지막에 놓여야 하지만 흥미롭게도 제일 앞에 있지요. 그림 중앙에는 노아가 술에 취해 바닥에 드러누워 있습니다. 함은 자신의 아버지를 손가락질하며 형제들에게 말하고 있고, 셈과 야벳은 천으로 아버지를 가려주려 합니다. 성경에는 뒷걸음질쳐서 겉옷을 덮어드렸다고 말하지만, 묘사하기가 힘들었는지 이 그림에서는 몸을 살짝 돌린 것으로 처리해 놓았습니다. 왼쪽에는 붉은 옷 입은 노인이 일하고 있는데, 이 노인 또한 노아입니다. 이 장면에는 두 시간의 차원이 함께 있는 셈입니다.

노아의 노동은 대홍수와 하나님의 심판 이후의 일입니다. 방주 안에서 자신의 생명을 건사하고 다시금 노아는 자신의 자손들과 함께 세상에 나옵니다. 그 세상은 밝고, 따뜻하고, 환희만 넘치는 곳이 아닙니다. 구름이 끼고, 때로는 폭풍우가 다가옵니다. 땅은 척박하고, 끊임없이 물이 말라버립니다. 이 세상에서, 이 세상을 바꾸기 위해 노아는 여전히 일해야 합니다. 이 일은 고됩니다. 힘들게 땅을 갈아 내는 노동이 숨어 있습니다. 구름과 폭풍이 기다리고 있습니다.

노아는 힘들게 애쓰며 자기 삶을 어떻게든지 일구어 보려고 고통스럽게 노동을 하면서 참습니다. 그러면서 노아는 땅만 보고 있었습니다. 애써 일궈야 하고 힘을 들여야 하는 고통스러운 땅만 바라보고 있었다는 것입니다. 힘든 땅만 바라보고 있으면 당연히 술이라도 마셔야 견딜 수 있는 것입니다. 급기야 고된 노동에 지친 노아는 술에 취하게 되었지요. 그림 왼편에서 일하고 있는 노아와 오른편에 술에 취해 고개를 떨어뜨린 노아 모두 땅으로 그 시선이 향하고 있습니다.

성경에 좀 더 충실해 하나의 차원이 들어갔다면 더 입체적인 그림이 되었을 거란 생각이 듭니다. 성경은 분명히 그 시간 속에, 그리고 그 시간 너머에 있는 무지개를 증언하고 있으니 말입니다. 구름에 가려져 있고, 때로는 폭풍우가 치지만, 그 모든 것들 위에는 무지개가 있습니다. 하나님께서는 구름 사이로, 무지개를 통해 노아를 지극한 사랑으로 바라보고 계십니다. "네가 참 힘들구나! 내가 구름 뒤 무지개를 돌아보라고 얘기했건만, 내가 너를 잊지 않고 기억하고 있다는 것을 얘기했건만…. 너는 땅을 바라보고 구름을 바라보고 있구나!" 그렇게 안타까운 시선으로 바라보고 계시는 것입니다.

술 취한 상태가 아니라도 오늘날 많은 사람은 무언가에 취해 지냅니다. 어떤 이들은 게임이나 도박에 취하고, 어떤 이들은 인정욕에 취해 사회적 성공에 맹목적으로 매달립니다. 어떤 이들은 인간에 취해 관계로 빠져듭니다. 어떤 이들은 이 세상이 암묵적으로 강요하는 가치관들에 취합니다. 어떠한 형태로든 삶에서 무지개의 차원을 잊어버린다면, 성령에 취하고 언약의 말씀에 취하지 않는다면 다른 무엇인가에 취하기 마련입니다.

우리 삶에는 언제나 구름이 껴 있습니다. 우리가 또 다른 세상을 꿈꾼다 할지라도 그 세상은 결코 쉽게 만들어지지 않습니다. 노아의 노동과 술 취함은 우리 삶이 지닌 지난함과 고통을 보여줍니다. 이런 이를 함부로 정죄할 수는 없습니다. 하지만 이런 지난함과 고통에만 몰입한다면, 이를 넘어서서 이미 우리와 함께하는 또 다른 차원을 잊어버리기 십상입니다. 술 취한 노아 역시 무지개의 존재를 순간 잊어버렸습니다. 무지개를 통해서 약속하신 하나님의 사랑, 그 사랑을 기억하겠다는 자신의 결단을 잊어버린 것입니다.

노아의 이야기를 통해 우리는 다시금 되새겨야 합니다. 우리 삶에는 언제나 짙은 구름이 껴 있다는 것, 하지만 동시에 그 뒤에는 무지개가 숨어 있음을 말입니다. 구름 사이로 비치는 무지개를 통해 하나님께서는 말씀하십니다. "내 언약을 기억하라. 나는 너희를 끝까지 포기하지 않고 사랑하리라." 이 약속을 기억한다면 우리는 눈에 보이는 삶, 현상들만을 보며 우리 자신을 스스로 옥죄거나 취한 누군가를 정죄하기보다는 사랑으로 감싸 안을 수 있습니다. 때로는 절망감에 사로잡힐 때도 있고, 고됨을 느끼는 순간도 있겠지만, 그때마다 고개를 들어 하늘을 바라보십시오. 제3의 차원을 기억하십시오. 모든 삶의 구름 너머에 있는 하나님의 사랑을 기억하십시오. 하나님 당신께서 우리를 기억하고 계시고, 사랑을 언제까지나 지키실 거라는 다짐을 보여주는 무지개를 바라보십시오.

§ 새 창조를 위한 금언

우리는 창조되지 않으신 하나님만을 사랑하고, 그분을 소유하기 위하여 모든 피조물로부터 돌아서야 합니다. 이것이 마음과 영혼 안에서 우리가 전적으로 편안함을 느끼지 못하는 유일한 이유입니다. 우리는 안식을 주지 못하는 아주 작은 것들에게서 진정한 쉼을 찾고자 합니다. 그러나 하나님이 바로 그 쉼입니다.

- 노르위치의 줄리안

§ 기도

주님,

우리의 삶을 돌아봅니다. 그리고 기억합니다. 구름과 폭우가 우리 삶의 새로운 창조과정에도 반드시 있을 것이라는 것을.

그러나 하나님이 스스로 세우신 언약과 그것을 기억하시려는 사랑의 무지개가 존재한다는 것을 기억하게 하소서.

내가 기억하리니

§ 성경말씀

내가 나와 너희와 및 육체를 가진 모든 생물 사이의 내 언약을 기억하리니 다시는 물이 모든 육체를 멸하는 홍수가 되지 아니할지라 무지개가 구름 사이에 있으리니 내가 보고 나 하나님과 모든 육체를 가진 땅의 모든 생물 사이의 영원한 언약을 기억하리라 하나님이 노아에게 또 이르시되 내가 나와 땅에 있는 모든 생물 사이에 세운 언약의 증거가 이것이라 하셨더라 (창세기 9장 15~17절)

창세기의 대홍수는 모든 생명을 살리는 태초의 물이 경계가 무너지면서 일어난 심판이었습니다. 심판이 이루어진 후 창세기는 다음과 같이 말합니다. "하나님이 노아와 그와 함께 방주에 있는 모든 짐승들과 가축을 기억하사 하나님이 바람을 땅 위에 불게 하시매 물이 줄어들었고"(창 8:1). 여기서 중요한 말은 '기억하사' 입니다. 하나님께서 무엇인가를 기억하고 계십니다. 세상을 다시 회복시키겠다 결심하셨을 때, 그분께서는 무엇인가를 '기억함' 으로써 재창조와 구속의 역사를 펼쳐내셨습니다.

창세기 9장 15-16절에서도 하나님께서는 '기억하겠다' 고 말씀하십니다. "내가 나와 너희와 및 육체를 가진 모든 생물 사이의 내 언약을 기억하리니 다시는 물이 모든 육체를 멸하는 홍수가 되지 아니할지라. 무지개가 구름 사이에 있으리니 내가 보고 나 하나님과 모든 육체를 가진 땅의 모든 생물 사이의 영원한 언약을 기억하리라." 하나님께서는 기억하겠다고 말씀하셨습니다. 죄가 만연해 타락해버린, 도저히 구원의 가능성이란 조금도 찾아볼 수 없는 이 세상 한가운데에서 기억하겠다고 말씀하셨습니다. 그리고 그 기억의 증표, 약속의 증표로 무지개를 두셨습니다. 이 약속은 성경 전체를 아우르는 핵심입니다.

그리스도인의 신앙은 "하나님께서 나를 기억하고 계신다. 하나님께서 나를 기억하시고, 끝까지 사랑하신다" 는 것을 기억하고, 받아들임으로써 시작합니다. 그리스도인의 신앙은 자신의 결단을 기억하는 것이 아닙니다. 하나님의 약속, 그분께서 기억하시고, 결단하시고, 사랑하심을 기억하는 것이 그리스도인의 신앙입니다. 이 신앙의 눈으로 성경을 바라보면 창조 이야기부터 계시록까지 하나님께서 펼치시는 사랑의 이야기가 눈에 들어오기 시작합니다. 이 신앙의 눈으로 다른 이를 바라보면 그 사람에게 집착하지 않고, 그 사람의 한계를 바라보면서 그 사람을 사랑으로 품을 수 있습니다.

사랑은 결단입니다. 결단을 내린 자기 자신과의 싸움입니다. 그리고 그 와중에 무지개의 언약을 기억하는 것입니다. 하나님께서 우리의 유약함과 한계, 죄에도 불구하고 사랑하시기로 결단하셨음을 기억하면 우리의 현실과 현실에 있는 사람들이 다르게 보입니다. 그 현실과 사람들의 본질이 보입니다. 성령은 우리 한 사람 한 사람을 위해, 그리고 이 세상을 위해 하나님께서 깊은 사랑으로 탄식하고 계심을 우리에게 알려줍니다. 이러한 사랑의 절정을 보여주셨던 분, 사랑의 결정체가 바로 예수 그리스도였습니다. 그분은 몸소 하나님께서 보시기에 좋음직하지 않은 현실 안에서도 우리를 사랑하시기에 우리를 가장 좋은 길로 인도하심을 보여 주셨습니다. 이 사건에 대한 기억이, 이 약속에 대한 기억이 우리를 진정 으로 살게 합니다. 더 나아가 우리를 구원에 이르게 합니다.

그리스도인이 지닌 능력은 무력이나 재력, 지식에 있지 않습니다. 하나님 께서 어떤 경우에도 지극한 사랑으로 우리를 인도하심을 신뢰하는 것이 그리스도인이 지닌 힘입니다. 이것이 그리스도인들이 오랜 기간 이 세상 안에서 슬기롭게 살아온 가장 강력한 밑바탕이었습니다. 이 힘을 바탕 으로 선지자들은 세상의 부당한 권력에 대해 "아니오" 라고 말할 수 있 었고, 무수한 사람이 잠깐 사는 이 세상에 안주하지 않은 채 영원의 세 계를 바라보며 자신의 목숨까지 내놓을 수 있었습니다. 인간이 참인간 으로 살아갈 수 있는 내적 힘은 바로 여기에, 하나님께서 우리를 사랑하 시고, 최선의 길로 우리를 인도하신다는 신뢰와 기억에 근거하고 있습니 다. 그 사랑은 이 유한한 세상으로부터 영원의 세계까지 언제나 우리와 함께 있으며, 우리를 새로이 일깨우며, 우리를 더 나은 길로 인도합니다. 성령 하나님께서는 지금 이 순간에도 우리에게 다가오셔서, 우리 곁에서 우리를 움직이십니다. 우리의 마음을 두드리십니다. 깊고도 깊고, 높고도 높은 당신의 사랑으로 우리를 초대하고 계십니다.

§ 새 창조를 위한 금언

우리는 회복되는 죄인들이 될 수 있습니다. 우리는 하나님의 용서를 통해서 피조세계의 안녕을 향한 부름을 받고, 그것을 꿈꾸고 그것을 위해서 행동할 수 있습니다.

－ 마조리 H. 수하키

§ 기도

주님,

죄 없이 살기도, 빛 가운데 살기도 힘이 듭니다.

그러나 하나님께서 끝까지 함께 하고 계심을 기억하게 하소서.

어떤 경우에도 사랑하시기로 결단하셨음을,

무지개의 약속을 기억하시기로 결정하셨음을 기억하게 하소서.

에필로그

하나님만으로 충분합니다.
– 아빌라의 테레사

호기심 많고 조숙한 아이들은 이따금 이런 물음을 던집니다. "무지개는 왜 뜰까? 꽃은 어떻게 피어날까? 도대체 세상은 왜 있을까?" 이런 물음은 조금씩 그 형태를 달리해 나가지만 결국 궁극적인 차원에서는 크게 다르지 않습니다. 그리고 평소에는 묻혀 있다가 시련을 겪는다거나, 고통스러운 일을 접했을 때 다시금 의식의 수면 위로 솟아오르곤 합니다. "도대체 세계는 왜 있을까? 고통은 어디서 찾아오는 것일까? 이 세계가 눈앞에 있는 것은 확실한데 영원은 존재하는 것일까?" 세상의 모든 종교는 어떻게든 이 문제에 답하고자 합니다.

기독교 전통의 영성가들은 모든 물음의 실마리가 '무無'에 달려있다고 말합니다. 여기서 무는 그냥 '없음'이 아닙니다. 이 무는 자신으로 인하여 없어지는 것들을 없어지게 하고 그렇게 해서 있는 것을 있게끔 하며, 그러한 방식으로 모든 있는 것과 없는 것을 넘어서 있습니다. 그 무의 이름은 영원입니다. 하나님입니다. "전능하사 천지를 만드신 하나님 아버지를 내가 믿사오며"이 고백에 등장하는 하나님입니다. 믿음으로만 알 수 있는 하나님입니다.

모든 생명은 바로 이 무, 영원, 근원이신 하나님께 의존하고 있습니다. 우리가 하나님을 믿는다는 것은 그 영원이 우리의 공간과 시간 속에 들어왔음을 깨닫게 되면서부터 시작됩니다. 태초에 무가, 영원이 있었습니다. 그렇게 하나님께서 계셨습니다. 그 하나님께서 우리를 창조하셨고, 그 하나님께서 사랑으로 우리에게 다가오셨습니다.

창조는 시간과 공간이 시작되는 시간에 영원을 받아들이고 우리 자신을 내어드리는 것입니다. 영원의 사랑이 시작되도록, 영원이 세계로 돌입하도록 신뢰로 내어드리는 것입니다. 하나님께서 무를 붙잡고 창조를 시작하셨다! 이것이 우리의 희망입니다. 우리의 삶에 공허가 찾아오고 외로움과 두려움이 찾아올 때, '아, 내가 하나님밖에 던져져 있구나' 라고 알아차리십시오. 혹은 자아를 팽창시키며 교만과 독선이 찾아올 때, 알아차리십시오. '아, 내가 사라져 없어질 자아로 가득 차 있구나' 라고요. 영원의 밖에 있는 인간은 공허함과 자기 분열로 떨어질 가능성을 언제나 가지고 있습니다.

공허와 오만이 찾아올 때, 기억하십시오. 한가지면 됩니다. 자신의 상태 그대로 하나님 안으로 들어가는 것입니다. 그저 그분의 초대에 응하는 것입니다. 그분은 이렇게 말씀하십니다. "내가 네 안에서 전능을 역사하기 위해서 네가 필요하다. 네 안이 필요하다. 네 마음이 필요하다. 네 삶의 공간이 필요하다. 성령이 새 삶을 창조하시도록 깊은 공간이 필요하다."

영원으로부터 초대한 이 사랑에 모든 것을 내어드리며 응답할 때, 새로운 일이 시작됩니다. 내가 가장 소중하게 여기는 것도, 내가 가장 부끄럽게 생각하는 것도 다 내어 드릴 수 있습니다. 그러면 창조의 영이 오셔서 구심력이 생기는 하나님 안으로 끌고 들어가시는 것입니다. 그리고 가르치시는 것입니다. 틀림없이 무의 공간에 들어갈 때는 외로움과 슬픔과 고통의 마음이 가득했는데, 성령님께서 운행하시면서 암탉이 알을 품는 것처럼 그렇게 끊임없이 붙잡고 사랑하시는 동안 충만한 무언가가 생기는 것입니다. 그렇지요, 그분이 일하실 것입니다.

"너를 내어다오, 내가 너를 통해서 새로운 일을 시작하겠다."

이제 내가 사는 것은 내가 사는 것이 아니요, 내 안에 계신 그리스도를 통해 창조주 하나님이 사시는 것입니다. 그래요, 우리의 삶에도 봄이 오고 있습니다. 사랑이 시작되었습니다.

초판 발행	2014년 5월 16일
지은이	김화영
그림	민경찬
디자인	김태은
펴낸곳	나다북스
출판등록	2008년 1월 9일 제2008-000002호
주소	서울특별시 강서구 공항대로 343 원풍빌딩 1층
전화번호	02-2644-5121
팩스	02-6346-5121
홈페이지	www.nadatodo.net
ISBN	978-89-960779-6-1